Encore Tricolore

Sylvia Honnor
Heather Mascie-Taylor
Alan Wesson

Nelson

Thomas Nelson and Sons Ltd
Nelson House Mayfield Road
Walton-on-Thames Surrey
KT12 5PL UK

Thomas Nelson Australia
102 Dodds Street
South Melbourne
Victoria 3205 Australia

Nelson Canada
1120 Birchmount Road
Scarborough Ontario
M1K 5G4 Canada

First published by Thomas Nelson and Sons Ltd 1992

I⟨T⟩P Thomas Nelson is an International
       Thomson Publishing Company

I⟨T⟩P is used under licence

ISBN 0-17-439683-X
NPN 9 8 7

Printed in Hong Kong

Acknowledgements

Collège Montesquieu, Orléans, La Source
Yannick Court
Office de Tourisme, La Rochelle
Banque de France

Illustrations:
David Birdsall
Judy Byford
Angie Deering
Julia King
Mal Peet
Robert Salt
Peter Smith
Colin Smithson
Benjamin Spencer
John Wood
Sharon Wood

Photographs:
Ibrahim Bob
Jean Bounmy
Patrick Francis
Keith Gibson
Arlette Guille
Office de Tourisme, La Rochelle
Philippe Pacher
Barrie Smith
Mallika Punukollu

Design:
Julia King, Thumbnail Graphics

Every effort has been made to trace the copyright holders
of material used in this book. The publishers apologise for
any inadvertent omission, which they will be pleased to
rectify at the earliest opportunity.

Cover photographs taken in France, Québec and Sénégal

Table des matières

Watch out for these signs and symbols to help you work through each *unité*:

Listening activity

Work in pairs or groups

Song

Now your turn

Interesting facts about how languages work

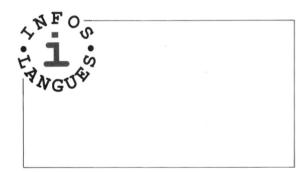

Dossier-langue

Notes to help you understand and use the patterns and rules of French

Sommaire

A summary of the main points you have learnt in each *unité*

Unité

1

Bonjour!

In this unit you will learn how to ...

- say hello (and goodbye) to a French-speaking person
- tell someone your name
- tell someone your age
- understand people talking about themselves
- ask people their name and age and how they are
- say how you are, too
- use numbers up to 20
- talk about things in the classroom

You will also ...

- find out about France

Bonjour!

Bonjour Coralie.
Bonjour Sébastien.

Salut Olivier!
Salut Magali!

Bonjour M. Garnier.
Bonjour Jean-Marc.

Au revoir Isabelle.
Au revoir Loïc.

Comptez!

3 15 8 9 10 11 12

0 16 2 18 6 7 1 5 4 17 20 13 14 19

GAUFRES ►
SUCRE   7 F
CONFITURE 10 F
CHOCOLAT   12 F
MARRONS   12 F
CHANTILLY 12 F
+ CHOCOLAT 14 F
CREPES ►
SUCRE   5 F
CONFITURE   7 F
CHOCOLAT   8 F
MARRONS   8 F

PISCINE
ENTREES
ADULTES   8f00
ENFANTS   4f80
VISITEURS 1f50
ABONNEMENT ANNEE ADULTE
ABONNEMENT ANNEE ENFANT

· 7619 TY 92 ·

Qui est-ce?

Qui est-ce? Et qui est absent?

1 2 3 4 5 6 7

4

Voici la France

LE PAYS DE GALLES

L'ANGLETERRE

Londres

LA HOLLANDE

L'ALLEMAGNE

DOUVRES-CALAIS 30 Km. 30 minutes

Douvres

LA BELGIQUE

Bruxelles

Calais

Lille

Boulogne

La Manche

Dieppe

LE LUXEMBOURG

Cherbourg

Rouen

Le parc Astérix

Le Havre

La Seine

LA FRANCE

Paris

L'Euro Disney

Strasbourg

Les Vosges

Le Mans

Orléans

Dijon

Tours

La Loire

Le Jura

LA SUISSE

Bern

L'Atlantique

La Rochelle

Futuroscope

Poitiers

Clermont Ferrand

Le Rhône

Lyon

Grenoble

L'ITALIE

Bordeaux

Le Massif Central

Les Alpes

La Garonne

Biarritz

Toulouse

Avignon

Monaco

Nice

Marseille

Lourdes

Les Pyrénées

L'ESPAGNE

1000km

La Méditerranée

La Corse

. . . JEUX . . . JEUX . . . JEUX . . .

Quel âge as-tu?

Réponds pour ces personnes.
Exemple: *(Tu es Nicole.)* J'ai onze ans.

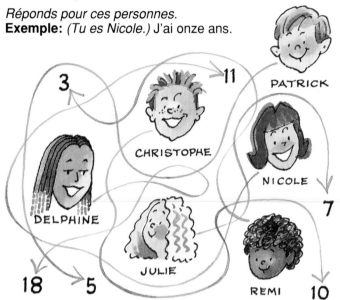

Comment t'appelles-tu?

Je m'appelle …

Alain	Olivier	Aimée	Juliette
André	Marc	Anne	Laurence
Antoine	Paul	Caroline	Louise
Charles	Maurice	Catherine	Lynda
Christophe	Michel	Charlotte	Marie
Colin	Philippe	Christine	Michelle
Daniel	Richard	Claire	Nathalie
David	Neville	Denise	Sandra
Edouard	Robert	Elisabeth	Suzanne
François	Patrick	Hélène	Thérèse
Georges	Roger	Isabelle	Valérie
Nicolas	Simon	Jacqueline	Yvette

Des accessoires fantastiques!

Regarde les photos. Qu'est-ce que c'est?

Quiz

Ecoute la cassette et regarde les 'accessoires fantastiques'. Qu'est-ce que c'est?
Exemple: 1 (*Tu entends 'un cahier'*) 1

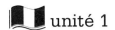

Des objets mystérieux!

Qu'est-ce que c'est?

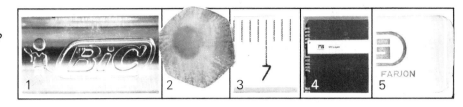

. . . JEUX . . . JEUX . . . JEUX . . .

En classe

Il y a combien de ...

1 [car] 2 [chair] 3 [people] 4 [book] 5 [ruler] ?

Il y en a ...

chantez

Un kilomètre à pied, ça use, ça use,
Un kilomètre à pied, ça use un petit peu.

Deux kilomètres à pied, ça use, ça use,
Deux kilomètres à pied, ça use un peu plus.

Trois kilomètres à pied, ça use, ça use,
Trois kilomètres à pied, ça use pas mal.

Quatre kilomètres à pied, ça use, ça use,
Quatre kilomètres à pied, ça use beaucoup.

Cinq kilomètres à pied, ça use, ça use,
Cinq kilomètres à pied, ça use énormément.

Six kilomètres à pied, ça use, ça use,
Six kilomètres à pied, ça use trop ...
Et moi, je prends mon vélo!

Sommaire

Now you can ...
say hello and goodbye to a French person and talk to him/her about your names and ages

Bonjour! Je m'appelle Lynda. Comment tu t'appelles? Quel âge as-tu?

Salut Lynda! Je m'appelle Alain. J'ai 14 ans.

ask people how they are and say how you are, too

Bonjour Corinne! Ça va?

Oui, ça va bien, merci ... et toi?

count in French up to 20

talk about things in the classroom

Unité

2

J'habite ici

In this unit you will learn how to ...

- talk about where you live
- ask other people about their homes
- talk about other people and places
- talk about things in the classroom
- use numbers up to 30

You will also ...

- find out about La Rochelle

Venez à La Rochelle

1 Voici La Rochelle. C'est une ville en France.

Venez à La Rochelle

2 La Rochelle est un port, à l'ouest de la France.

3 Voici une rue à La Rochelle.

un café.

4 Et voici un café.

5 Près de La Rochelle il y a l'île de Ré. Voici un pont. Le pont va de La Rochelle à l'île de Ré.

LA ROCHELLE

8

J'habite ici

1 Moi, j'habite ici à Hennequeville.

2 J'habite ici.

6 Je m'appelle Mme Meyer, et j'habite ici.

Honfleur Trouville
Hennequeville

3 Moi, je m'appelle M. Laffitte. J'habite ici.

Paris

• Versailles

Strasbourg •

8 Moi, j'habite ici, à Versailles.

• Rennes

• La Rochelle

4 J'habite ici, à la Rochelle.

5 Je m'appelle Séverine et j'habite ici.

Saint Guilhem-le-Désert

7 Moi, j'habite à Toulouse.

Toulouse •

INFOS LANGUES

En France	Coalville		Au Royaume-Uni
Abbe**ville**	C'est une ville mais ...	C'est une ville mais ...	Bol**ton**
Villefranche			Wolverhamp**ton**
Contrexé**ville**			New**ton** Abbot
Deau**ville**	Hennequeville est un village!	Coalville est en Angleterre.	Lu**ton**
Trou**ville**			Bishops**ton**
Villedieu-les-Poêles			Mil**ton** Keynes
Gran**ville**			Taun**ton**
Lune**ville**	HENNEQUEVILLE		Darling**ton**
Thion**ville**			Dunbar**ton**
Villeneuve-sur-Lot			Middle**ton**
Charle**ville**-Mezières			Bover**ton**

▧▧ Vous avez gagné!

Ecoute bien! Voici Hélène et
Frédéric. Qu'est-ce qu'ils ont gagné?

Et toi? Qu'est-ce que tu as gagné?
Tu as trente secondes!

▧▧ Je pense à quelque chose

Ecoute la cassette, puis jouez en groupes.

▧▧ Jean-Pierre a des problèmes!

Ecoute la cassette pour tous les détails.

▧▧ Combien?

Il y a combien de crayons, combien de règles? etc.
Ecoute bien et écris A ou B chaque fois.

▧▧ Où est mon walkman?

Où est le
walkman de
Coralie?
Ecoute la
cassette.

Qui habite ici?

Qui habite ici?
Exemple: Coralie habite dans une maison à la Rochelle.
Sébastien habite dans une maison dans un village près de la Rochelle.

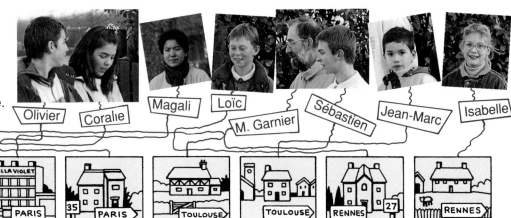

Olivier | Coralie | Magali | Loïc | M. Garnier | Sébastien | Jean-Marc | Isabelle

chantez

1, 2, 3,	7, 8, 9,	13, 14, 15,	18, 19, 20,
Salut! C'est moi!	Dans la rue Elbeuf.	Dans l'avenue de Reims.	C'est la fin!
4, 5, 6,	10, 11, 12,	16, 17,	Recommence
J'habite à Nice,	Et toi?	Je m'appelle Colette.	au numéro un ...
	– Toulouse.		

Sommaire

Now you can ...
talk about where people live

Où habites-tu?	Where do you live?
J'habite dans une maison.	I live in a house.
J'habite dans un appartement.	I live in a flat.
J'habite dans une ferme.	I live on a farm.
J'habite dans une ville.	I live in a town.
J'habite dans un village.	I live in a village.
J'habite près de Paris.	I live near Paris.

J'habite en France   en Suisse   en Belgique
*   en Angleterre en Ecosse   en Irlande*
*   au Pays de Galles*

J'habite à Paris   à Glasgow   à Londres

talk about other people and places

un/une enfant	child
une femme	woman
une fille	girl
un garçon	boy
un homme	man
maman	mum
papa	dad
il/elle habite	he/she lives
un café	café
un cinéma	cinema
un magasin	shop
une rue	street
un supermarché	supermarket

understand classroom instructions
Fais marcher le magnétophone.
Arrête le magnétophone.
Allume le projecteur, s'il te plaît.
Allume l'ordinateur, s'il te plaît.
Arrête le projecteur/l'ordinateur, s'il te plaît.
Essuie le tableau, s'il te plaît.

talk about things in the classroom

Qu'est-ce que c'est?	What is it/this?
c'est	it is
ce n'est pas	it isn't
voici	here is
me voici	here I am
un agenda	diary
une boîte	box/tin
un cahier	exercise book
une calculatrice	calculator
un cartable	satchel/briefcase
une chaise	chair
un classeur	file
un crayon	pencil
une fenêtre	window
une gomme	eraser
un livre	book
un magnétophone (à cassettes)	cassette/tape recorder
un ordinateur	computer
une platine-laser	CD player
une porte	door
une règle	ruler
un sac (à dos)	bag (rucksack)
un stylo à bille/un bic	ballpoint pen/biro
une table	table
un taille-crayon	pencil sharpener
une télévision	television
une trousse	pencil case
un walkman	walkman

say that you don't understand
Je ne comprends pas.

Unité

3

Notre famille

In this unit you will learn how to ...

- talk with French-speaking people about families and homes
- say where things are
- say what other people are called, how old they are and where they live
- say who things belong to
- use the days of the week
- use numbers up to 70

You will also ...

- read more French, including handwriting

Notre famille

Voici deux familles françaises.
Lis les descriptions et réponds aux questions.

1   La famille Lacan

Bonjour! Je m'appelle Marie Lacan.
J'ai seize ans. J'habite à La Rochelle.
C'est une ville en France.

Voici ma mère, Madame Lacan. Elle s'appelle Michèle.

Voici mon père, Monsieur Lacan. Il s'appelle Claude.

J'ai une sœur et un frère. Pascale a quatorze ans.

Mon frère s'appelle Vincent. Il a douze ans.

2   La famille Martineau

Bonjour! Je m'appelle Loïc Martineau. J'habite à Rennes avec ma mère et mon frère Manuel. Il a huit ans.

Qui est-ce?

1   Il a douze ans.
Il a deux sœurs.
Qui est-ce?

2   Elle a seize ans.
Elle habite à La Rochelle.
Qui est-ce?

3   Il a un frère.
Il habite avec une femme et un garçon qui a huit ans.
Qui est-ce?

4   Elle a trois enfants.
Elle habite à La Rochelle.
Qui est-ce?

Des frères et des sœurs

Qui a des frères et des sœurs? Combien?
Ecoute la cassette pour trouver les réponses.

1   Manuel a un frère.
2   Pascale a un frère et une sœur.
3   Et Coralie? – Elle a ...
4   Et Olivier? – Il a ...
5   Et Grégory?
6   Et Roseline?
7   Et Magali?
8   Et Sébastien?

Deux maisons

La maison de la famille Charpentier à La Rochelle

Voici la maison de la famille Charpentier. Il y a trois chambres, une salle de bains, une salle à manger, un salon et une cuisine. Il y a aussi un jardin.

Dans la chambre de Coralie il y a une platine-laser. Dans le salon il y a un sofa et une chaise.

Ecoute la cassette. Coralie parle de sa maison. Combien de choses trouves-tu qui sont absentes de la description?

Exemple: Dans la chambre de Coralie il y a un lit.

La maison de la famille Martineau à Rennes

Lis la description et complète le dessin de la maison des Martineau.

Dans la maison il y a deux chambres, un salon, une salle à manger, une salle de bains et une cuisine.

Dans le salon il y a un sofa, une table, une télévision et un magnétoscope. Il y a aussi des livres.

Dans la salle à manger il y a une table et quatre chaises, une platine-laser et une fenêtre.

Loïc est dans sa chambre et il a une radio, une télévision et un sac. Le magnétophone, le walkman et les livres sont à Manuel. Il y a aussi une fenêtre dans la chambre.

Mme Martineau est dans sa chambre. Sur une table il y a un Minitel, des livres et des stylos. Sur une autre table il y a un ordinateur. Il y a aussi deux chaises, une fenêtre et un lit.

Encore des familles

Voici une description de la famille Clément/Bonnard. Lis la description, puis complète l'arbre généalogique.

Olivier (14 ans) et sa sœur, Roseline (16 ans) sont le fils et la fille de M. Bernard Clément et de Mme Annette Clément et les cousins de Sébastien Bonnard.

Mme Annette Clément est la sœur de M. Nicolas Bonnard, le père de Sébastien. La mère de Sébastien s'appelle Claire.

Les parents de Nicolas Bonnard et Annette s'appellent Anne-Marie et Jean-Paul Bonnard. Anne-Marie est la grand-mère de Roseline et Olivier Clément et de Sébastien Bonnard. Jean-Paul est le grand-père.

La famille Clément/Bonnard

Copie l'arbre généalogique et écris les noms de la famille.

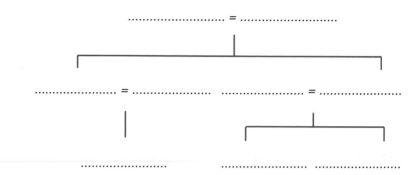

Et voici une famille extraordinaire

Voici Mme Dragon. Elle a trois enfants – deux fils, Daniel (13 ans) et Didier (7 ans), et une fille, Denise (11 ans). Le père des enfants, M. Dragon (49 ans), s'appelle Diabolo. Mme Dragon s'appelle Délice.

L'amie de Denise Dragon s'appelle Mimi Monstre (12 ans). Elle a un frère, Moka (13 ans). Il est l'ami de Daniel Dragon.

Dessine la famille Dragon!
Dessine l'arbre généalogique de la famille.
Invente la famille Monstre ...
ou invente une autre famille extraordinaire ....
la famille Dinosaure ...
ou la famille Robot ...
ou la famille de Superfille ...
ou la famille Fantôme ...
ou ton idée à toi.

Jeu de mémoire

1 Regarde bien la page 13 (pendant deux minutes).

2 Regarde ces objets.

– Numéro 1, qu'est-ce que c'est?
– C'est le Minitel de Mme Martineau.
– Et numéro 2 ...?
– ......

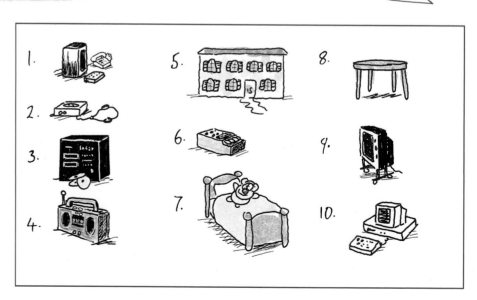

UNE CHAMBRE HAUTE-TECHNOLOGIE
Une chambre idéale aux *Galeries Rochelle*, rue du Commerce.

"FRIGIDAIRE" 380F
LE WALKMAN
LE CRAYON 18F
RADIO 250F
LA PYRAMIDE
LE CLASSEUR 35F
LA BOÎTE 150F
LE CAHIER 15F
LE STYLO 28F
LE SAC À DOS 450F
LE LIT 1860F

Une chambre idéale

Voici une chambre idéale pour la jeune personne moderne. C'est ta chambre idéale aussi? Dessine la chambre idéale de Roseline et de Sébastien.

Roseline
Ma chambre idéale est romantique, avec un lit confortable, une lampe sur une table ronde et une télévision. Aussi, dans ma chambre idéale, il y a une platine-laser et des chaises, et des photos de mes amis.

Sébastien
Ma chambre idéale est très confortable. Il y a des livres, des classeurs sur une table, une télé, un ordinateur, une radio et une table de snooker!

Dossier-langue

Masculine and Feminine

un crayon
Le crayon est dans la boîte.
Voici un autre crayon.
Il est dans la trousse.

une calculatrice
La calculatrice est sur la table.
Elle est moderne.

In French, things (as well as people) are all either masculine or feminine. The word in front usually shows if a thing is masculine or feminine.

un or *le* shows that something is **masculine**.
une or *la* shows that something is **feminine**.

So ... there are **two** words in French for 'a' - *un* and *une*
... and there are **two** words for 'the' - *le* and *la*
(**but** when a word begins with a vowel (a, e, i, o or u) and sometimes h, *le* and *la* are shortened to *l'*).

Moka est l'ami de Daniel (un ami)
Mimi est l'amie de Denise (une amie)

Remember: when you learn a new word, learn it with *un/le* or *une/la* in front of it.

Invente des phrases!						
J'ai Voici	un une	ordinateur radio walkman	Il		sur	la table
Où est	le la l'	cartable? maison de Loïc? amie de Coralie?	Elle	est	sous dans	la chaise la rue

Did you know that the beginnings of words (prefixes) and ends of words (suffixes) are often good clues to their meaning.

The French words for the days of the week all include the letters *-di*.

This comes from the Latin word *dies* = day.

Some of these names have links with Roman gods.

See how much you can find out about the names of the days of the week in French and English – clue: there's a link with the gods in English too!

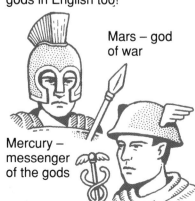

Mars – god of war

Mercury – messenger of the gods

15

Une semaine à La Rochelle

Voici une lettre de Coralie à sa correspondante anglaise.

1

**Le Musée Maritime
Ouvert tous les jours**

2

Fermé le lundi

```
Ile de Ré
EXCURSIONS
jeudi et samedi
départs 11h et
15h
```

3

4

5

**AQUARIUM
LA ROCHELLE
Port des Minimes**

Ouvert 365 jours par an

6

Un restaurant à l'île de Ré

La Rochelle, lundi.

Chère Rebecca,

Alors, tu arrives à La Rochelle vendredi avec ton frère. C'est fantastique!

Le samedi on visite La Rochelle et on va au cinéma. ça va?

Le dimanche, mon grand-père et ma grand-mère viennent chez nous. Lundi on va au Musée Maritime ou à l'Aquarium - c'est très intéressant.

Le lundi, en France, beaucoup de magasins sont fermés, mais, mardi, ou mercredi on va faire du "shopping", non?

Le jeudi il y a une excursion à l'île de Ré. A l'île de Ré on va manger au restaurant - bien, non?

Alors à vendredi!

Bons baisers
xxxx
Coralie

La semaine de Rebecca

Ecris le numéro de l'image dans ton cahier.

1 samedi: photo ...
2 lundi: photo ... ou ...
3 mardi ou mercredi: photo ...
4 jeudi: photos ... et ...

Les photos de Sébastien

Ecoute la cassette et regarde les photos.

Sébastien est allé voir son cousin Olivier Clément. Olivier a 14 ans et il habite près de Paris.

Sébastien montre ses photos à son ami Christophe Lambert et à la sœur de Christophe. Elle s'appelle Suzanne et elle a 14 ans.

Vrai ou faux?

1 Le cousin de Sébastien s'appelle Olivier.
2 Il habite à La Rochelle.
3 La sœur de Christophe s'appelle Roseline.
4 Suzanne a quatorze ans.
5 Olivier a quinze ans.

Sommaire

Now you can ...
ask about someone's family
Tu as des frères ou des sœurs?
Tu as des grands-parents?

talk about your family

J'ai	une sœur	I have	a sister
	deux sœurs		two sisters
	un frère		a brother
	trois frères		three brothers
	un beau-frère		a step brother
	une belle-sœur		a step sister
	un(e) cousin(e)		a cousin
	un grand-père		a grandfather
	une grand-mère		a grandmother
	des grands-parents		grandparents
Je suis	fils unique	I am	an only son
	fille unique		an only daughter
	enfant unique		an only child
	l'ami(e) de ...		the friend of ...

J'habite	avec	mon père	I live	with	my dad
		ma mère			my mum
		mon frère			my brother
		ma sœur			my sister
		ma famille			my family

talk about your home

Dans notre maison il y a ...	In our house there is/are ...
la salle à manger	the dining room
la cuisine	the kitchen
le salon	the lounge/sitting room
la chambre	the bedroom
la salle de bains	the bathroom
un lit	a bed
Il y a aussi le jardin	There is also the garden

ask and give information about people and places

Il Elle	s'appelle comment? a quel âge? habite où?	Il Elle	s'appelle ... a ... ans habite à ...

Qui est-ce?			C'est ...		
Le magasin Le musée	est	fermé ouvert	The shop The museum	is	closed open

say who things belong to
La radio est à Loïc — It's Loïc's radio

C'est	le frère de Roseline	He's	Roseline's brother
	l'amie de Marc	She's	Marc's friend
	l'ordinateur de Guy	It's	Guy's computer

say where things are
dans — in, inside
sur — on, on top of
sous — under, underneath

Le walkman est sous la table

use the days of the week
les jours de la semaine

lundi	Monday	vendredi	Friday
mardi	Tuesday	samedi	Saturday
mercredi	Wednesday	dimanche	Sunday
jeudi	Thursday		

count up to 70

0 zéro	7 sept	14 quatorze	21 vingt-et-un
1 un	8 huit	15 quinze	30 trente
2 deux	9 neuf	16 seize	31 trente-et-un
3 trois	10 dix	17 dix-sept	40 quarante
4 quatre	11 onze	18 dix-huit	50 cinquante
5 cinq	12 douze	19 dix-neuf	60 soixante
6 six	13 treize	20 vingt	70 soixante-dix

Unité

4

J'aime les animaux

In this unit you will learn how to ...

- ask questions
- talk about animals, especially pets
- describe things, including their colour and size
- talk about your likes, dislikes and preferences
- use the French alphabet and ask how to spell things

You will also ...

- find out two ways of saying 'you' in French.
- start writing in French

Grand Concours National

Tu préfères quel animal?
Voici les six finalistes:

Le grand chien s'appelle **Samba**.

La petite souris blanche s'appelle **Minnie**.

Le petit hamster brun s'appelle **Flic**.

Le lapin noir et blanc s'appelle **Carotte**.

Le cochon d'Inde s'appelle **Dodu**.

Le chat gris et brun s'appelle **Minou**.

1
2
3
4
5
6

Regarde les photos, lis les descriptions ... puis écris le numéro et le nom de l'animal que tu préfères.

Exemple: (Je préfère) Flic – **5**.

Dans la classe, comptez les votes.
Quel est le total des votes de la classe?
Quel animal a gagné le prix?
Quel animal a gagné le 2ème et le 3ème prix?

*Regarde les résultats du **Concours National** à la page 22.*

Chat trouvé en ville
(le 12 novembre)
Téléphonez à Mme Robert,
(48) 24 14 91

Chat perdu

Voici une photo du chat que Mme Robert a trouvé. Mais ... c'est à qui? Ecoute les conversations au téléphone pour décider!

Le chat est à ...?

1 Mme Duval

2 Claire Martin

3 François Léon

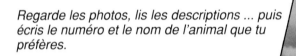

Une histoire de chats

Suzanne et Christophe sont à la maison de grand-mère Lambert ('Mamie') pour donner à manger à ses chats. Mamie est en Angleterre en vacances.

Les enfants trouvent une liste. C'est la description des chats de Mamie.

Lis l'histoire, puis complète les phrases.

1 Il est très grand.
   Il n'est pas gris.
   C'est ...

2 Elle est petite.
   Elle n'est pas dans le salon.
   C'est ...

3 Il est très grand.
   Il n'est pas le chat de Mamie.
   C'est ...

4 Elle a douze ans.
   Elle est mignonne.
   C'est ...

5 Il est dans la cuisine.
   C'est un grand chat.
   C'est ...

6 Elle est sur une chaise.
   Elle est grise.
   C'est ...

Dossier-langue

How to describe animals in French

Voici un chien.
Il est petit, noir et blanc.
Il est très mignon.

Voici une souris.
Elle est petite et noire et blanche.
Elle est très mignonne.

Did you notice?

The words which describe your pets (or anything else in French), must match what they describe.

Masculine words (*un/le*)	must have	Masculine adjectives (describing words)
Feminine words (*une/la*)	must have	Feminine adjectives

Look at the descriptions above to see how this works.

	masculine	feminine
colours	noir	noire
	brun	brune
	gris	grise
	blanc	blanche
	jaune	jaune
	rouge	rouge
size	grand	grande
	petit	petite
	énorme	énorme
nasty or nice	méchant	méchante
	mignon	mignonne

Jean-Pierre et ses animaux

Voici mes animaux. J'ai deux chats, un poisson et une tarentule. J'aime le poisson et j'aime beaucoup les chats, mais j'adore la tarentule! Elle est mignonne!

Complète sa description avec les mots dans la boîte.

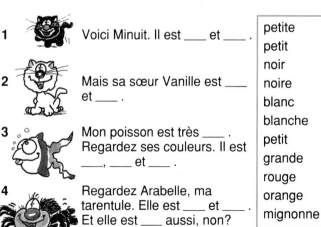

1 Voici Minuit. Il est ___ et ___ .

2 Mais sa sœur Vanille est ___ et ___ .

3 Mon poisson est très ___ .
   Regardez ses couleurs. Il est ___ , ___ et ___ .

4 Regardez Arabelle, ma tarentule. Elle est ___ et ___ . Et elle est ___ aussi, non?

| petite |
| petit |
| noir |
| noire |
| blanc |
| blanche |
| petit |
| grande |
| rouge |
| orange |
| mignonne |

Et toi?

Est-ce que tu as un animal à la maison? Ecris son nom, son âge et une petite description.

Exemple: J'ai un chien. Il s'appelle Rover. Il a trois ans. Il est brun et blanc. J'aime beaucoup Rover.

*Ou, si tu préfères, écris une description de l'animal d'un(e) ami(e), ou d'un des animaux dans le **Concours National**.*

C'est à qui?

Voici d'autres animaux. Ils sont à qui?

Exemple:

1 L'oiseau bleu et vert est à **Magali**.

2 Le cheval brun et blanc est à ....

3 Le grand oiseau bleu, rouge et jaune est à ....

4 Le cheval noir et blanc est à ....

5 Le petit poisson rouge très mignon est à ....

6 La tarentule noire est à ....

7 La perruche jaune, blanche et bleue et très petite est à ....

8 Le grand poisson rouge, orange et blanc est à ....

LA PAGE DES LETTRES

1

La lettre

J'aime beaucoup les animaux, mais j'habite dans un appartement à Paris et il n'y a pas de jardin. J'ai des poissons rouges, mais ils ne sont pas très intéressants. Ma mère déteste les souris, les lapins et les cochons d'Inde. Avez-vous des idées?

Daniel, Paris

La réponse

Cher Daniel,
Est-ce que tu as un balcon?
Un perroquet ou un autre oiseau dans une grande cage sur le balcon, c'est bien.
Ou bien, est-ce que tu aimes les gerbilles ou les chinchillas? Ils sont mignons.

2

Voici la lettre d'une mère de famille. Son problème n'est pas rare!

Ma famille adore les animaux! Ma fille Linda a trois cochons d'Inde et une tortue. Mon fils Pierre a un chien énorme qui s'appelle Géant. Mon autre fils, Marc, a huit ou neuf lapins. Mais qui donne à manger à tous ces animaux? Qui fait des promenades avec Géant? C'est moi! Et moi, je n'aime pas ça!

Mme J. Gérondin, Toulouse

La réponse

Chère Madame,
Voici la solution. Vous travaillez pour les animaux – les enfants vont travailler pour vous dans la maison.
Finalement ils vont préférer les animaux!

Chers lecteurs,
Quels animaux préférez-vous?
Quels animaux aimez-vous beaucoup?
Est-ce qu'il y a des animaux que vous n'aimez pas?
Ecrivez des lettres à **LA PAGE DES LETTRES**.

A toi!

Ecris une petite lettre.
Voici des idées:

Moi, j'ai (un chien, deux chats ...)	
J'aime	les chiens
J'aime beaucoup	les chats
	les chevaux
J'adore	les lapins
	les cochons d'Inde
Je préfère	les oiseaux
	les poissons
Je n'aime pas	les hamsters
	les tarentules
Je déteste	les tortues

Sondage

Salut! Bonjour! ... à des membres d'un club des jeunes à La Rochelle, le Club 2000.
Notre reporter, Chantal Sabrine, a posé des questions à des membres du Club et à son directeur, M. Jean Christophe.

Voici les questions:

Sondage

1 Les loisirs

Le samedi, qu'est-ce que tu aimes (vous aimez) faire?
a Est-ce que tu aimes (vous aimez) le sport?
b Est-ce que tu aimes (vous aimez) regarder la télévision?
c Est-ce que tu aimes (vous aimez) aller en disco?

2 La musique

a Tu adores (vous adorez) quel groupe?
b Tu aimes (vous aimez) quel groupe?
c Tu détestes (vous détestez) quel groupe?

3 Les couleurs

a Tu préfères (vous préférez) quelle couleur?
b Tu n'aimes pas (vous n'aimez pas) quelle couleur?

4 Les animaux

a Tu adores (vous adorez) quel animal?
b Tu aimes (vous aimez) quel animal?
c Tu n'aimes pas (vous n'aimez pas) quel animal?

*dis "tu" à un(e) ami(e)   * dis "vous" à un(e) adulte*

Voici les réponses:

1 Mireille
J'aime
- aller en disco
- Police
- le bleu
- j'adore les chiens

Je n'aime pas
- le sport à la télé
- le gris
- les souris

2 Luc
J'aime beaucoup
- le sport
- Queen
- le rouge
- le cheval

Je n'aime pas
- la musique folklorique
- le violet
- les perroquets

3 M. Jean Christophe
J'aime
- le club des jeunes
- "Les Rock-Roches" (le groupe du Club 2000)
- la couleur orange
- les lapins

Je n'aime pas
- le shopping (je déteste ça!)
- le jaune
- les rats

4 Stéphanie
Moi, j'aime beaucoup
- le cinéma
- Pacifique
- le vert
- les chats

Je n'aime pas
- les jeux et les quiz à la télé
- le blanc
- les tarentules. (Je déteste les insectes!)

Dossier-langue

How to say "you"
Have you noticed that in French there are two ways to say "you" - *tu* and *vous*.

Quiz
Look back at some of the French you have already learnt.
1 Which word do you use if you are talking to:
one boy or girl about the same age as you or younger;
someone you know very well;
an animal?
2 Which word do you use if you are talking to:
more than one friend;
more than one person you don't know well?
3 Which word do you use if you are talking to:
an adult or someone you don't know well?

Answers:
1 tu   2 vous   3 vous

To sum up:
Use vous
for two or more people
for an older person

Use tu
for a friend or close relative
for someone your own age or younger
for an animal

Qui parle?

Ecoute la cassette. Qui parle?
Ecris le nom de la personne si c'est Mireille, Luc, Jean Christophe ou Stéphanie. Sinon, écris 'Impossible à dire'.

Sondage:
L'interviewer – c'est toi!

Pose des questions comme Chantal Sabrine à des amis et à ton professeur ou à un(e) autre adulte.

*dis "tu" à un(e) ami(e)
**dis "vous" à un(e) adulte

Travaillez dans quatre groupes. Groupe 1 pose les questions sur les loisirs, groupe 2 sur les groupes, ...

Présentez les réponses comme ça:

ou

comme ça:

LA PAGE DES ... JEUX ... JEUX ... JEUX ...

1 Combien d'animaux?

Exemple: Il y a trois hamsters.

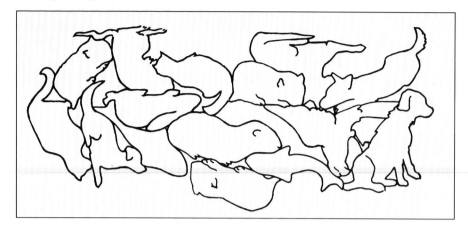

2 Quel mot ne va pas avec les autres?

1 lundi, mardi, mercredi, perroquet

2 cinq, dix, chat, vingt

3 chien, jardin, souris, lapin

4 crayon, garçon, règle, stylo

5 gris, jaune, noir, grand

6 cuisine, sœur, mère, père

7 magasin, maison, appartement, dimanche

8 Rennes, Angleterre, France, Ecosse

3 Trouve six animaux

C	A	J	F	A	I	T	S	I	F
E	H	I	P	H	A	N	O	M	E
T	P	E	R	R	O	Q	U	E	T
O	O	J	V	O	P	S	R	H	I
I	I	R	E	A	M	N	I	D	G
R	S	S	L	E	L	V	S	W	I
V	S	A	E	P	T	U	C	U	T
E	O	V	L	A	P	I	N	B	Y
S	N	E	T	T	U	R	E	H	A

F L A S H !

Grand Concours National

1er Prix à Minou, le chat.
2ème Prix à Samba, le chien.
3ème prix à Flic, le petit hamster.

4 Change le mot

```
  m   e   r   c   r   e   d   i
  −   +   −   −   −   −   +   −
  9   4   5   2   4   2   4   4
  =   =   =   =   =   =   =   =
  d   i   m   a   n   c   h   e
```

Pour changer le mot:
recule ⟵ ou avance ⟶ dans l'alphabet.
Exemple: m − 9 lettres = d
           e + 4 lettres = i

A toi! Invente un jeu de
"change le mot".   Joue avec un(e) ami(e).
Exemple: 1   **Exemple: 2**

s o u r i s   n o i r
l a p i n s   b r u n

5 Mots croisés en images

Pour compléter les mots croisés, trouve le nom des animaux etc., et copie la première lettre.
Exemple:

boîte   règle   un   neuf
b   r   u   n

Des animaux extraordinaires

Lis la description des animaux extraordinaires des Garnier.

Je m'appelle Eric Garnier. J'habite dans une ferme près de Toulouse. J'aime beaucoup les animaux, mais à la maison il y a des animaux extraordinaires … par exemple, il y a Télé …

c'est le petit chien noir de mon frère, Marc. Il s'appelle Télé parce qu'il adore la télévision.

Et il y a aussi Blanco, le petit chat de Maman. Naturellement il s'appelle Blanco parce qu'il est blanc. Il déteste la télévision mais il aime beaucoup la radio et il adore la musique.

Eh bien, Télé aime la télévision mais Blanco préfère la radio … voilà, c'est très bien … mais, non! Ce n'est pas très bien parce qu'il y a aussi Jules et quelquefois il y a Néron.

Jules est le perroquet de ma sœur Claire. Il est petit et très mignon, mais il n'aime pas la télévision, il n'aime pas la radio et il déteste la musique.

Et Néron, qui est-il? Eh bien … Néron est un grand chien noir et blanc. C'est le chien de mon grand-père et il est très méchant. Il déteste les chats, il déteste les perroquets, il déteste la radio, il déteste la musique et il n'aime pas beaucoup le chien de Marc. Alors, qu'est-ce qu'il aime, Néron? Il aime deux choses … mon grand-père et le football … à la télé, naturellement! Il adore ça!

Jean-Marc écrit une lettre

Jean-Marc, un ami de Marc Garnier, écrit une lettre à sa grand-mère. Il écrit une description des animaux de la famille de son ami, Marc … mais le chien de sa grand-mère a mangé une partie de la lettre! Quel désastre! Est-ce que tu peux compléter la lettre pour elle?

Chère Mamie,
Mon ami Marc Garnier a des animaux extraordinaires!
Il a un petit chien noir qui s'appelle
Ce petit chien est extraordinaire. Il adore
Sa sœur, Claire, a un oiseau — c'est un
Il est fantastique et il est extraordinaire aussi. Il déteste
Mais Blanco, le petit chat de Mme Garnier, adore
J'aime beaucoup le chat et le petit chien et j'adore Jules, le
Mais je n'aime pas beaucoup l'autre chien, Néron. Il est un peu
Alors, à dimanche!
Baisers de
Jean-Marc

Et toi! Invente un animal extraordinaire, par exemple une souris qui adore les chats, ou un poisson qui déteste la musique. Dessine ton animal extraordinaire et écris une petite description.

Sommaire

Now you can …
ask questions in French
Est-ce que tu habites à Londres?
Est-ce que vous aimez le sport?
Remember: to make a sentence into a question you can just add *Est-ce que* to the beginning. *Est-ce que* shows that the sentence is a question. Of course, you can also show something is a question by the tone of your voice – just raise the pitch of your voice at the end of the sentence. *Tu habites à Paris?*

talk about animals and pets
Est-ce que tu as/vous avez un animal à la maison?
De quelle couleur est-il (elle)?
Est-ce qu'il (elle) est grand(e)?
Il/elle est comment?

Oui, j'ai un chat/chien etc.

Remember: *je (or j') =* I
e.g.
je préfère	I prefer
j'ai	I have
j'aime	I like

Il (elle) est gris (grise).
Il (elle) est grand(e).

describe things, especially their colour and size

		Il est …	Elle est …
colour		*brun*	*brune*
		noir	*noire*
		blanc	*blanche*
		gris	*grise*
		jaune	*jaune*
		rouge	*rouge*
		bleu	*bleue*
		vert	*verte*
size		*(très) grand*	*grande*
		(très) petit	*petite*
		énorme	*énorme*
other qualities		*méchant*	*méchante*
		mignon	*mignonne*

(see also page 19)

say what you like/dislike/prefer
Est-ce que tu aimes? Do you like?

Oui, j'aime	*les chats*
J'aime beaucoup	*la musique*
J'adore	*le cinéma*
Je préfère	*la radio*
Non, je n'aime pas	*le sport*
Je déteste	*les jeux vidéo*

Est-ce que tu préfères la musique ou le sport?
Je préfère la musique.

say 'you' correctly in French
Vous: for an older person, to be polite or for more than one person
Tu: for someone your own age, someone in your family, or an animal (see also page 21 and *C'est extra!*)

use the French alphabet and ask how to spell things
Comment tu t'appelles? Philippe.
Comment ça s'écrit? How do you spell that?/How's it written?
P–h–i–l–i–p–p–e.

Les animaux	animals/pets
un chat	a cat
un cheval	a horse
un chien	a dog
un cochon d'Inde	guinea pig
un hamster	hamster
un lapin	rabbit
un oiseau	bird
un perroquet	parrot
une perruche	budgerigar
un poisson (rouge)	(gold)fish
une souris	mouse
Les loisirs	leisure activities
le sport	sport
la musique	music
la radio	radio
les jeux vidéo	video games
un club de jeunesse	youth club

Unité

5

Qu'est-ce que tu fais?

In this unit you will learn how to...

- talk about the weather
- understand simple weather information
- use numbers 0 - 100
- talk about the seasons
- discuss what you do in your spare time
- use verbs to say what is happening or what someone is doing
- understand the key points of an item in a French magazine

Le temps en France

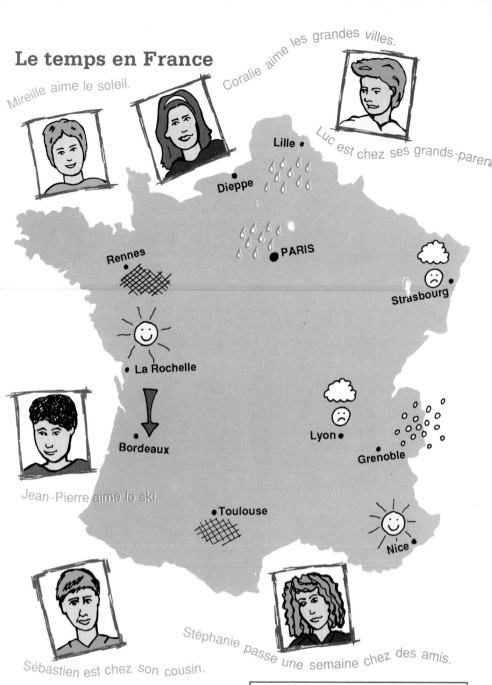

Mireille aime le soleil.

Coralie aime les grandes villes.

Luc est chez ses grands-paren[...]

Jean-Pierre aime le ski.

Sébastien est chez son cousin.

Stéphanie passe une semaine chez des amis.

Vrai ou faux?

Regarde la carte. C'est vrai ou faux?

1 Il fait beau à Paris.
2 Il pleut à Lille.
3 Il fait mauvais à Nice.
4 Il y a du vent à Bordeaux.
5 Il neige à Dieppe.
6 Il fait mauvais à La Rochelle.
7 Il y a du brouillard à Rennes.
8 Il y a du soleil à Strasbourg.

A toi!

Regarde la carte. Combien de phrases correctes peux-tu faire?

*Pour t'aider, regarde **Les quatre saisons** à la page 25.*

Exemple: A Lyon, il fait mauvais.

Légende

= mauvais

= soleil

= il pleut

= brouillard

= vent

= il neige

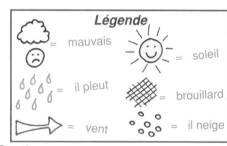 On téléphone à Suzanne

Ecoute la cassette.

Qui téléphone à Suzanne? Où est-il/elle? Quel temps fait-il là-bas?

Regarde la légende à la page 25 et écris la lettre qui correspond au temps.

Exemple: 1 Jean-Pierre, Grenoble, N

Les quatre saisons

Au printemps
Il fait beau.
Il y a du soleil.

En été
Il fait chaud.
Le ciel est bleu.
Moi, j'adore le soleil.

En hiver
Il fait froid.
Il fait mauvais.
Moi, je déteste le froid.
Quelle pluie!
Il neige.
Il pleut.

En automne
Quel vent!
Il y a du vent.
Il y a du brouillard.

Allô Météo

On téléphone à **Météo France** pour savoir quel temps il fait.
Consulte le tableau, puis réponds à ces personnes qui téléphonent.

Le temps en France			Légende
		Température	
Bordeaux	S	14	B = beau
Cherbourg	Br	12	Br = brouillard
Dieppe	P	11	C = chaud
Grenoble	N	0	F = froid
Lille	M	13	M = mauvais
Lyon	V	15	N = il neige
Nice	C	20	P = il pleut
Paris	B	16	S = soleil
Rennes	F	7	V = vent
Strasbourg	B	8	
Toulouse	V	17	

1 Quel temps fait-il à Paris?
2 Quel temps fait-il à Dieppe aujourd'hui?
3 Je voyage à Cherbourg. Quel temps fait-il là-bas?
4 Est-ce qu'il fait beau à Nice?
5 Quel temps fait-il à Strasbourg?
6 Bonjour, quel temps fait-il à Rennes?
7 Est-ce qu'il pleut à Lyon?
8 Je voyage à Toulouse. Quel temps fait-il là-bas?
9 Quel temps fait-il à Grenoble?
10 Bonjour, quel temps fait-il à Lille?

Au téléphone

Travaillez en groupes.

- *Ecris un numéro de téléphone sur une feuille; plie la feuille et donne la feuille à ton/ta camarade;*
- *Ecris le nom d'une ville; plie la feuille etc.*
- *Dessine un symbole pour le temps; plie la feuille etc.*
- *Ouvre la feuille, puis invente une conversation au téléphone.*

Exemple: 42.05.16 Londres

– Allô, ici le 42.05.16.
– Bonjour (nom). C'est (nom).
– Bonjour (nom). Où es-tu?
– Je suis à Londres.
– Quel temps fait-il?
– Il y a du soleil.

La météo aujourd'hui

Lis les descriptions et regarde la carte à la page 24. Quelle description correspond à la carte?

1 Mauvais temps sur le nord de la France avec pluie à Paris et à Lille. Beau temps en général sur le sud, mais il y a du brouillard à Bordeaux et à Toulouse. Dans les Alpes, il fait froid et il neige.

2 Sur le nord de la France, il fait mauvais avec pluie à Paris et à Lille et brouillard à Rennes. Vent du nord à Bordeaux. Mais dans la région méditerranéenne il fait beau – il y a du soleil à Nice et aussi à La Rochelle sur la côte atlantique. Dans les Alpes, il fait froid et il neige.

3 Le mauvais temps continue sur le nord de la France, avec pluie à Paris et à Lille. Mais il ne fait pas mauvais partout. Dans la région méditerranéenne, par exemple à Nice, il fait beau et il y a du soleil. Du soleil aussi à Lyon, mais à Bordeaux il fait mauvais et il pleut. Et dans les Alpes, il neige.

Ecoute la météo

C'est le 5 mai. Quel temps fait-il dans ces villes?

1 Paris	3 Bordeaux	5 Dieppe	
2 Nice	4 Lille	6 Londres	

INFOS·LANGUES

un parapluie
un parasol
un paravent

Notice that each of the above words begins with *para...*
What do you think *para...* means?

Le tonnerre means thunder, so what do you think *un paratonnerre* means?

Parachute is the same in French and in English. Why do you think it has this name?

Some other French words begin with *pare...*

un pare-brise
un pare-choc
un pare-étincelle

Try to find out what they mean.

Au Club 2000 *Ecoute les conversations et décide qui parle.*

Mireille, Luc, Stéphanie, Pascale, Jean-Pierre, Sika, Sébastien, Philippe, Suzanne, Yannick

Qui dit ça?

Regarde les images et décide qui parle.

1 J'adore la musique. J'écoute très souvent mon walkman.
2 Moi, j'aime le tennis de table. Je joue au tennis de table chaque lundi au Club 2000.
3 Moi, j'aime la musique. Je joue de la guitare et je chante.
4 Je n'aime pas beaucoup la musique, je préfère le sport. J'aime surtout le volley.
5 Moi aussi, j'aime le sport. J'adore le football. Je joue au football au Club 2000 et je regarde tous les matchs de football à la télé.

Qui est-ce?

1 Elle aime le tennis. Elle joue au tennis quand il fait beau.
2 Il aime le golf. Il joue au golf avec son père.
3 Il aime le rugby. Il joue au rugby avec l'équipe du Club 2000.
4 Elle aime la danse, surtout le ballet. Elle danse beaucoup.
5 Il aime le ski. Le Club 2000 organise des vacances de ski en hiver.

Qu'est-ce qu'il y a?

Travaille avec un(e) partenaire.

Regardez le programme d'activités et inventez des conversations.

Exemple:
– Qu'est-ce qu'il y a au Club 2000, lundi?
– Lundi, il y a le tennis de table ou un quiz sur le sport.
– Qu'est-ce que tu préfères?
– Moi, je préfère le quiz.

Et voici des jeunes qui ne vont pas au Club 2000. Quand est-ce qu'il y a quelque chose d'intéressant pour eux?

Activités pour la semaine

Cette semaine, on vous propose ...

lundi	tennis de table
	quiz sur le sport
mardi	volley
	disco
mercredi	concert de musique
	match de snooker
jeudi	film "La vie des animaux"
	badminton
vendredi	rugby
	chant folklorique
samedi	football
	excursion à l'Ile de Ré
dimanche	tennis
	golf
	visite guidée à l'Aquarium

1 Abdul
J'aime les animaux et j'aime le cinéma.

2 Robert
J'aime beaucoup la musique, mais je n'aime pas le sport.

3 Monique
Moi, j'aime le tennis, mais je n'aime pas le tennis de table.

4 Nathalie
Je n'aime pas le sport et je déteste la musique. Est-ce qu'il y a quelque chose d'autre?

A toi!

Choisis cinq activités, dessine un symbole pour l'activité et écris une phrase.

Exemples:

 Je regarde un film.

 J'écoute de la musique.

*Puis, invente une conversation avec un(e) partenaire. Pour t'aider, regarde **Sommaire** à la page 31.*

Exemple:
– Qu'est-ce que tu fais aujourd'hui?
– Je joue au tennis. Et toi?
– Moi, je joue au golf aujourd'hui.

26

Understanding French magazines and newspapers

As you read more French you are bound to come across words which are new to you.

Think about things that you read in English as well as French. Do you always understand every word? Is it necessary to understand every single word in order to grasp the meaning?

You will find that some words are **key words** because they convey most of the message. Look at the following sentence:

A cause de maladie, il n'y aura pas de concert samedi.

If you understand four or more of the key words in this sentence, you will understand the message. This is called understanding the **gist** of something.

Look at the details below of two holiday courses in the French Alps. You will not understand every word, but you probably know enough French to understand the gist of them. How many things can you find out about each passage? Try to find at least four, e.g.

1 During which seasons are these courses run?
2 How old do you have to be for each course?
3 How long is each course?
4 How many hours a day of instruction are offered?

Then see how much you can understand in the item about penfriends.

Vacances à la montagne

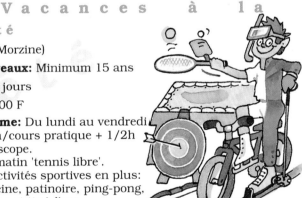

En été

Tennis (Morzine)
Tous niveaux: Minimum 15 ans
Durée: 7 jours
Prix: 1.300 F
Programme: Du lundi au vendredi inclus 2h/cours pratique + 1/2h magnétoscope. Samedi matin 'tennis libre'. Petites activités sportives en plus: vélo, piscine, patinoire, ping-pong, trempoline et tir à l'arc.

En hiver

Ski (Savines-le-Lac)
Tous niveaux: 14-18 ans
Durée: 7 jours
Prix: 1.800F
Programme: Du lundi matin au vendredi soir, 4 heures d'enseignement de ski. Le prix comprend le prêt du matériel (skis, bâtons et chaussures), l'assurance, les remontées mécaniques illimitées.

Correspondants

Nicole Legrand, Rennes, cherche une correspondante de 12-13 ans qui aime les animaux, surtout les chevaux et les chats.

Magalie, Grenoble, cherche correspondants qui habitent la montagne et qui aiment les animaux, la nature et la musique. Possibilité d'échange de cassettes.

Laurent, Belgique, cherche correspondant(e) qui aime le sport et qui parle français ou anglais. Possibilité d'échanger timbres belges contre timbres étrangers.

Alain, Bordeaux, cherche une personne qui aime le rugby et le football américain.

Mustafa, Paris, cherche un correspondant de 13 -14 ans, qui possède un Amstrad pour échanger des programmes.

Fille unique, **Charlotte**, Toulouse, cherche correspondante qui aime le tennis et le ski, et fille unique, comme elle.

Rachel, trouvant que le prénom 'Rachel' est très rare cherche toute personne du même prénom pour l'encourager.

Je cherche un correspondant

Trouve un(e) correspondant(e) pour ces jeunes personnes.

Nom: Brown
Prénom: Duncan
Adresse: Manchester (Angleterre)
Aime: football, rugby, tennis
N'aime pas: musique

Nom: MacDonald
Prénom: Catherine
Adresse: Aviemore (Ecosse)
Aime: animaux, ski, musique classique
N'aime pas: sport à la télévision

Tu cherches un correspondant?

Copie ce formulaire et écris tes coordonnées.

Nom: ....
Prénom: ....
Adresse: ....
Aime: ....
N'aime pas: ....

 A la maison

Aujourd'hui c'est mercredi. Il fait mauvais et il pleut. Christophe arrive chez Marc.

– Salut Marc!
– Salut Christophe! Ça va?
– Non, ça ne va pas. Il pleut. Qu'est-ce que tu fais?
– Moi, j'écoute des disques. Et toi, tu aimes la musique?
– Non, je n'aime pas ça.
– Tu aimes la radio?
– Non, je n'aime pas ça.
– Tu aimes le tennis de table?
– Non, je n'aime pas ça.
– Tu préfères la télé?
– Oui, qu'est-ce qu'il y a?
– Il y a un film de Tom et Jojo.
– Ah, chouette. J'aime bien ça.

Puzzle

Horizontalement
1 Jojo ... le fromage.
2 Christophe ... la télévision.
3 Tom ... dans la cuisine.
4 J' ... mon walkman. J'aime beaucoup la musique.
5 Est-ce que tu ... au football?
6 Tom ... Jojo dans la salle de bains.

Verticalement
C'est une machine pour écouter des cassettes, mais ce n'est pas un walkman.

(crossword grid with letters A, N, T, P, H, N spelling vertically)

Comment?

Le père de Catherine adore la musique. Il écoute son walkman tout le temps, même quand il parle à quelqu'un.

*Complète la conversation avec le verbe **travailler**.*
(Pour t'aider, voir la page 29.)

– Qu'est-ce que tu fais, Catherine?
– Je ... dans la salle à manger.
– Comment? Tu ... dans le salon?
– Non, je ... dans la salle à manger.
– Comment? Tu manges? Qu'est-ce que tu manges?
– Je ne mange pas. Je ...
– Où est-ce que tu ...?
– Grr! Tu ne m'écoutes pas!
– Tu écoutes de la musique? Et le travail scolaire, alors?

Un film de Tom et Jojo

Jojo est une souris. Elle pense à quelque chose. C'est le fromage.

Tom est un chat. Il pense à quelque chose. C'est Jojo.

Voilà le fromage. Voilà Jojo.

Jojo mange le fromage.

Voilà Tom. Tom entre dans la cuisine.

Trouve les six erreurs!

Regarde le film de Tom et Jojo et lis cette histoire. Quelles sont les différences? Trouve les six erreurs.

Jojo est une souris. Elle pense à quelque chose. C'est le chocolat. Tom est un lapin. Il pense à quelque chose. C'est Jojo. Jojo mange le chocolat. Tom entre dans la cuisine. Tom chasse Jojo dans le jardin, mais il n'attrape pas Jojo. Tom trouve des carottes. Il mange des carottes ... et Jojo mange le fromage.

Tom chasse Jojo. Est-ce qu'il mange Jojo? Jojo entre dans le salon.

Tom saute sur Jojo. Il attrape Jojo?

Aïe!! Non, il n'attrape pas Jojo.

Tom chasse Jojo dans la salle de bains. Il saute ...

Pouf! Non! Il n'attrape pas Jojo dans la salle de bains.

Jojo rentre dans la cuisine. Voilà le fromage! Mais voilà Tom!

Et voilà Butch! Butch arrive. Butch n'aime pas Tom. Il chasse Tom ... et Jojo mange le fromage.

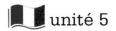

Dossier-langue

Look at the words in **bold** in these sentences. They are called **verbs**.

> J'**écoute** de la musique.
> Tu **joues** au tennis de table?
> Christophe **arrive** chez Marc.
> Tom **chasse** Jojo.
> Jojo **mange** le fromage.

What meaning do the verbs add to the sentence? What would happen if you took the verbs out?

Verbs are very important. They tell us what someone is doing or what is happening.

Try making up a sentence in English without a verb.

Find the verbs in these sentences:

1 Je travaille dans le jardin.
2 Tu aimes le sport?
3 Il entre dans la cuisine.
4 Elle déteste le rugby.
5 Jean-Pierre joue au football.
6 Coralie adore les animaux.

Verbs in French have different endings according to the **person** (I, you, he, she) that the verb refers to. Many verbs follow the pattern of the verbs in the above sentences.

Here is the verb *jouer* (to play):

je joue	I play
tu joue**s**	you play
il joue	he plays
elle joue	she plays

Now look at these pairs of sentences. Which words are different? Does the verb change?

1a Olivier aime les animaux.
 b Il aime les animaux.
2a Roseline mange le fromage.
 b Elle mange le fromage.

Can you work out a rule for what part of the verb you use with people's names?

The infinitive

Jouer is known as the **infinitive** and means 'to play'. Verbs are usually listed in the infinitive in a dictionary. The infinitives of the verbs you have learned so far all end in *-er*.

Work out what the inifinitive is for the verbs listed in these sentences.

1 Je danse.
2 Qu'est-ce que tu manges?
3 Il cherche le chat.
4 Elle regarde le film.

Here is a list of verbs which follow this pattern:

adorer	to love, adore
aimer	to like, love
arriver	to arrive
chercher	to look for
détester	to hate
écouter	to listen to
entrer	to enter
habiter	to live in
jouer	to play
manger	to eat
penser	to think
préférer	to prefer
regarder	to watch
rentrer	to come back
rester	to stay
travailler	to work

If the verb begins with a vowel (*a, e, i, o, u*) or *h*, write *j'* instead of *je* e.g. *j'aime*.

For people's names you use the same part of the verb as you do when you are saying *il* or *elle*. In fact, you can always replace people's names with *il* or *elle* and you don't have to change the rest of the sentence.

LA PAGE DES LETTRES

Chers lecteurs,
Voilà mon problème. J'ai un petit frère. Il s'appelle Henri. Il a quatre ans et il partage ma chambre. Il est très, très méchant. Il saute sur le lit, il dessine sur les murs, il écoute mon walkman, il mange mes bonbons. Quand je travaille, il chante et il danse. Quand je raconte tout ça à ma mère, elle dit: 'Mais il est petit, il est mignon!' Qu'en pensez-vous?

Alain, Paris

Avez-vous un petit frère ou une petite sœur difficile? Avez-vous une solution pour Alain?

Nous publierons vos lettres à ce sujet dans le prochain numéro.

Une petite sœur difficile

*Imagine que Félice est ta petite sœur et écris une lettre à la **Page des Lettres** du magazine.*

Vrai ou faux?

1 Jean-Pierre est un nouvel élève.
2 Jean-Pierre parle beaucoup.
3 Jacques a 15 ans.
4 Jacques a une sœur.
5 Jean-Pierre aime l'école.

Comment ça se dit en français?

1 Be quiet!
2 Sit down!
3 Come here!
4 Close the window!

Une description

Ecris une description de Jacques ou de Jean-Pierre.

Allô!

Travaille avec un(e) partenaire.
Choisissez des phrases dans les listes colorées et inventez des conversations au téléphone.

Exemple:

Allô! Ici le 68.23.17.

Salut Nicole, c'est Marc. Ça va?

Oui, ça va.

Quel temps fait-il à La Rochelle?

Il fait beau, mais il fait froid.

Et qu'est-ce que tu fais?

Je reste à la maison. Je travaille. Et toi?

Moi, je joue au golf cet après-midi. Tu aimes le golf?

Non, pas beaucoup.

Bon, au revoir Nicole.

Au revoir Marc.

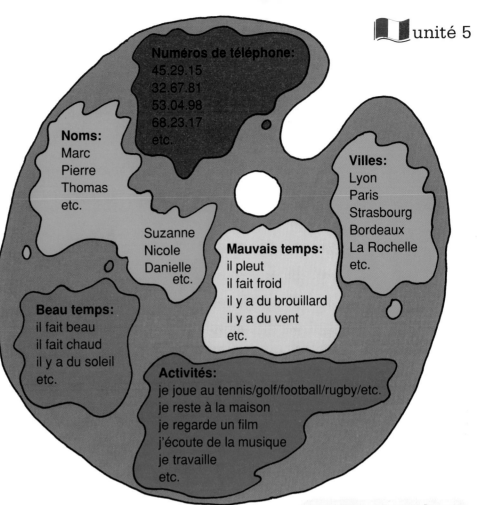

Numéros de téléphone:
45.29.15
32.67.81
53.04.98
68.23.17
etc.

Noms:
Marc
Pierre
Thomas
etc.

Suzanne
Nicole
Danielle
etc.

Villes:
Lyon
Paris
Strasbourg
Bordeaux
La Rochelle
etc.

Mauvais temps:
il pleut
il fait froid
il y a du brouillard
il y a du vent
etc.

Beau temps:
il fait beau
il fait chaud
il y a du soleil
etc.

Activités:
je joue au tennis/golf/football/rugby/etc.
je reste à la maison
je regarde un film
j'écoute de la musique
je travaille
etc.

Sommaire

Now you can ...
talk about the weather

Quel temps fait-il?	Il fait	beau
		chaud
		froid
		mauvais
	Il pleut	
	Il neige	
	Il y a	du brouillard
		du soleil
		du vent
	Le ciel est bleu	

discuss what you do in your spare time

Qu'est-ce que tu fais?	Je joue au	football
		golf
		rugby
		tennis
		tennis de table
		volley
	Je regarde	un film
		la télévision
	J'écoute	de la musique
		des disques
		la radio
	Je chante	
	Je danse	
	Je dessine	
	Je reste à la maison	
	Je travaille	

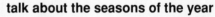

Qu'est ce que tu fais?

Je danse!

talk about the seasons of the year

le printemps/au printemps	Spring/in Spring
l'été/en été	Summer/in Summer
l'automne/en automne	Autumn/in Autumn
l'hiver/en hiver	Winter/in Winter

use numbers 0-100

70	soixante-dix	86	quatre-vingt-six
71	soixante et onze	87	quatre-vingt-sept
72	soixante-douze	88	quatre-vingt-huit
73	soixante-treize	89	quatre-vingt-neuf
74	soixante-quatorze	90	quatre-vingt-dix
75	soixante-quinze	91	quatre-vingt-onze
76	soixante-seize	92	quatre-vingt-douze
77	soixante-dix-sept	93	quatre-vingt-treize
78	soixante-dix-huit	94	quatre-vingt-quatorze
79	soixante-dix-neuf	95	quatre-vingt-quinze
80	quatre-vingts	96	quatre-vingt-seize
81	quatre-vingt-un	97	quatre-vingt-dix-sept
82	quatre-vingt-deux	98	quatre-vingt-dix-huit
83	quatre-vingt-trois	99	quatre-vingt-dix-neuf
84	quatre-vingt-quatre	100	cent
85	quatre-vingt-cinq		

You have also learnt ...
some tips about reading French

(see page 27)

how to use French verbs

(see page 29)

...99...100...

BON ANNIVERSAIRE

Unité

L'année passe vite

In this unit you will learn how to ...

- talk about the months of the year
- ask for and give the date
- understand and talk about important events in the year
- understand holiday postcards
- talk about clothes
- wish people a Happy Easter, Christmas etc.
- talk about birthdays
- talk about presents
- talk about more than one person or thing (this is called the plural)

Bonne Fête

Sur un calendrier français, il y a un nom pour chaque jour. Quels sont ces noms? Ce sont les noms des saints. Pour chaque jour de l'année, il y a une fête pour un saint ou une sainte et pour toutes les personnes qui ont le même prénom. Par exemple, si tu t'appelles Richard, la date de la fête de Saint Richard (le 3 avril), c'est ta fête. Si tu t'appelles Julie, ta fête, c'est le 8 avril. C'est bien, n'est-ce pas?

Regarde les extraits du calendrier. C'est quand, la fête de ces personnes?
Exemple: 1 22/1 (le 22 janvier)

1 Vincent	6 Isabelle
2 Catherine	7 Pierre
3 Eric	8 Monique
4 Françoise	9 Christine
5 Michel	10 Nicolas

C'est quelle date?

Ecoute la cassette et écris la date de chaque événement.
Exemple: 1 18/1 (le 18 janvier)

C'est quand?

Travaillez à deux.

Une personne demande la date de l'événement. L'autre répond en consultant les pages du calendrier.

Exemple:
1 – C'est quand, le match de rugby?
– C'est le 29 janvier.

1 le match de rugby
2 le premier jour du printemps
3 la Fête des Mères
4 le premier jour d'été
5 la fête nationale
6 le concert
7 le premier jour d'automne
8 le match de football
9 la surprise-partie de Gilles
10 le premier jour d'hiver

SEPTEMBRE	OCTOBRE	OCTOBRE	NOVEMBRE	NOVEMBRE	NOVEMBRE	DÉCEMBRE	DÉCEMBRE
29	**3**	**18**	**5**	**9**	**25**	**6**	**22**
S. Michel	S. Gérard *match de football*	S. Luc	Se Sylvie *surprise-partie de Gilles*	S. Théodore	Se Catherine	S. Nicolas	Hiver

INFOS i LANGUES

Les mois de l'année

Why do we have twelve months in the year?

In English the words 'month' and 'moon' come from the same word. Originally the period of a month was linked to the time taken for the moon to go round the earth, about 29.5 days.

In the Islamic calendar, the months are still linked to each new moon, but in the western calendar, the months are fixed and no longer begin with each new moon.

What do the names of the months mean?

The names in the French (and the English) calendar are taken from Latin.

janvier the Roman god Janus had two faces and could look backwards and forwards (to the old and the new year).

février named after *februa*, the Roman festival of purification held on 15th February.

mars known as a rough and windy month, it was named after Mars, the Roman god of war.

avril from the Latin word *aperire* meaning to open (into spring and summer).

mai from Maia, the goddess of growth and increase.

juin named after the Roman goddess Juno, the wife of Jupiter.

juillet named in honour of the Roman emperor Julius Caesar.

août named in honour of the Roman emperor Augustus. ·AVGVSTVS·

septembre from the Latin word *septem* – this used to be the seventh month when the Roman year had only ten months and started in March.

octobre from the Latin word *octo* meaning eight. (What is an octagon?)

novembre from the Latin word *novem* meaning nine.

décembre from the Latin word *decem* meaning ten.

Throughout history, people have tried to change the calendar, for instance during the French Revolution, but the calendar we use today is the one fixed by Pope Gregory XIII in 1582 and is known as the Gregorian calendar.

What can you find out about other calendars used in the world, e.g. the Chinese calendar?

Puzzle

Horizontalement
1 C'est le premier mois.
2 L'été commence pendant ce mois.
3 Janvier, février, mars, ..., mai
4 Ce mois a seulement 28 ou 29 jours.
5 La Fête des Mères est pendant ce mois.
6 Le printemps commence pendant ce mois.

Verticalement
C'est un jour important.

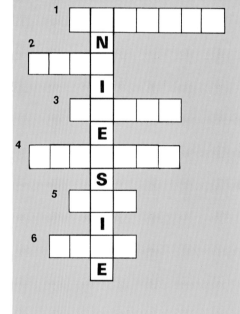

chantez

1 Le premier mois, c'est janvier.
Nous sommes en hiver.
Il neige beaucoup en février,
En mars, il fait mauvais.

2 Au mois d'avril il pleut, il pleut.
Nous sommes au printemps.
Il fait très beau au mois de mai,
La météo dit: beau temps!

3 Et puis c'est juin, et juillet, août.
Nous sommes en été.
Il fait très chaud pour les vacances,
Ma saison préférée.

4 Au mois de septembre la rentrée.
Octobre, c'est l'automne.
Du brouillard pendant novembre
Oh! Qu'est-ce qu'il fait du vent!

5 Le dernier mois, on fête Noël.
Nous sommes en décembre.
Il fait très froid, mais moi, j'ai chaud –
Je reste dans ma chambre!

1

Bonne Année

Le premier janvier, c'est le jour de l'an.

Nous envoyons des cartes à des amis.

Olivier et Roseline

3 Et le dix-sept janvier, c'est la Sainte Roseline, c'est ma fête.

JANVIER
17
Sᵉ Roseline

2 Le six janvier c'est la fête des rois.
Nous mangeons un gâteau spécial ce jour -là .
Le gâteau s'appelle la galette des rois.

4 Au mois de février, il y a le Mardi Gras. On mange des crêpes.
Dans certaines villes, comme par exemple à Nice, il y a un grand carnaval.

¡ POISSON d'AVRIL !

6 Le premier avril, on fait des poissons d'avril. Ça, c'est amusant!

8 Puis en mai, il y a la Fête des Mères.

7 A Pâques, on mange des œufs en chocolat ...
et aussi des lapins et des poules en chocolat. Mmm ... c'est bon.
J'aime bien le chocolat.

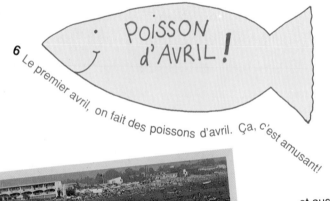

13 Enfin, il y a Noël.
La fête de Noël commence le vingt-quatre décembre. Nous allons à l'église. On chante des chants de Noël.
Le père Noël apporte des cadeaux aux enfants.
Puis, nous ouvrons des cadeaux et nous mangeons un grand repas.

11 Au mois d'août il fait chaud. Nous partons en vacances. Ah, le soleil! Moi, j'aime beaucoup le soleil.

12 Au mois de septembre, c'est la rentrée. La nouvelle année scolaire commence. Hélas! Maintenant nous travaillons.

présentent l'année en France

Dans les Alpes il neige. Beaucoup de personnes passent une semaine de vacances à faire du ski.

JUILLET
12
S. Olivier

9 En juillet, il y a ma fête – le douze juillet, c'est la Saint Olivier.

10

Et le quatorze juillet, c'est la fête nationale. Nous regardons le défilé dans la rue. Le soir, les Français dansent dans les rues et il y a souvent un feu d'artifice.

14

Et le trente et un décembre, c'est le dernier jour de l'année.

En France, ça s'appelle la Saint Sylvestre.

C'est la fête autour du monde!

Magali Bouamrani est musulmane. Elle parle du Ramadan.

Le neuvième mois de l'année musulmane s'appelle Ramadan. Pendant trente jours les adultes et les adolescents, et quelquefois les enfants aussi, ne mangent pas pendant la journée, mais la nuit, on mange et on boit. A la fin du Ramadan, il y a une fête. Ce jour-là nous portons de nouveaux vêtements et nous offrons des cadeaux aux amis.

Thomas Friedman habite dans la Louisiane, aux Etats-Unis. Il parle du Thanksgiving.

Le dernier jeudi de novembre c'est le *Thanksgiving*. C'est une fête qui marque la première récolte des *Pilgrim Fathers* en 1621. Nous ne travaillons pas ce jour-là. Nous restons à la maison et nous mangeons un grand repas avec de la dinde et de la citrouille.

Lalita Shah est hindoue. Elle parle de Diwali.

Diwali – c'est la fête des lumières. A la maison nous allumons des lampes qui s'appellent 'divas'. Nous invitons des amis à la maison et nous préparons un repas spécial. Quelquefois nous dansons une danse qui s'appelle 'dandia raas' – c'est une danse avec des bâtons. La musique va de plus en plus vite. C'est très amusant.

A toi de décrire les fêtes

Ecris six phrases au sujet des fêtes.

A Noël	nous envoyons des cartes à des amis.
	nous chantons des chants de Noël.
	nous ouvrons des cadeaux.
A Pâques	nous préparons un grand repas.
	nous invitons des amis à la maison.
	nous regardons la télé.
Le 14 juillet	nous écoutons de la musique.
	nous mangeons un gâteau spécial.
	nous mangeons des crêpes.
Le Mardi Gras	nous mangeons des œufs en chocolat.
	nous regardons un feu d'artifice.

C'est dans quel mois?

Regarde les images et lis les phrases. C'est dans quel mois?

1 le jour de l'an
2 Mardi Gras
3 Pâques *(2 possibilités)*
4 la fête nationale
5 les grandes vacances
6 la rentrée scolaire
7 Noël
8 la fête des rois

Dossier-langue

Look at the words in **bold** type in these sentences:

*On **chante** des chants de Noël.*
*Nous **préparons** un repas spécial.*
*Vous **aimez** le sport, monsieur?*
*Les Français **dansent** dans les rues.*
*Elles **aiment** les chats.*
*Ils **jouent** au football.*
*Manuel et Loïc **habitent** à Rennes.*
*Pascale et Marie **mangent** des crêpes.*

These are all verbs. What meaning do they add to the sentence?

They all follow the same pattern as the verb *jouer*. Here it is in full:

> *Je joue au tennis.*

Je	joue	I play, I'm playing
Tu	joues	You play, you're playing
Il	joue	He plays, he's playing
Loïc	joue	Loïc plays, Loïc is playing
Elle	joue	She plays, she's playing
Coralie	joue	Coralie plays, Coralie is playing
On*	joue	One plays, we play, they play
Nous	jouons	We play, we're playing
Vous	jouez	You play, you're playing
Ils	jouent	They play, they're playing
Marc et Luc	jouent	Marc and Luc play/are playing
Elles	jouent	They play, they're playing
Sika et Marie	jouent	Sika and Marie play/are playing
Marie et Luc	jouent	Marie and Luc play/are playing

a When talking about more than one man you use *ils*.
b When talking about more than one woman you use *elles*.
c When talking about a mixture of both you use *ils*.

Look at the verb *jouer*:
1. Find out which letters are always the same (this part is called the **stem** of the verb).
2. Find out how many different **endings** there are.
3. Find out which endings sound the same, even though they are spelt differently.
4. Remember: when you're using a man's name you use the same part of the verb as when you use *il*; when using a woman's name you use the same part of the verb as when you use *elle*. Now look at the plural. What part of the verb do you use when talking about **a** more than one man **b** more than one woman **c** a mixture of both? (Answers top right)

Can you draw a cartoon and write a caption for it in French? Make sure that the caption has a verb in it!

*On is a very useful word. Sometimes it means 'they' or 'people in general' or 'we' or 'someone', e.g.

On mange des crêpes.
Le 14 juillet, on danse dans les rues.
A Noël, on chante des chants de Noël.

Look at the endings of the verb when used with *on*.

Now look at the following sentences. Which have the same verb endings as *on*?

1. *Tu manges des crêpes?*
2. *Il mange des crêpes.*
3. *Nous dansons dans les rues.*
4. *Elle danse dans les rues.*
5. *Olivier chante des chants de Noël.*
6. *Ils chantent des chants de Noël.*

See if you can make a rule for the verb that follows *on*.

Mes cousins les Paresseux

Complète les phrases d'Annick Active avec la forme correcte du verbe.

La famille de mon cousin, Paul Paresseux, n'est pas très active.

En été, nous (jouer) au tennis, mais les Paresseux (regarder) le tennis à la télé.

Le soir, nous (danser) dans une discothèque, mais ils (écouter) de la musique à la maison.

En automne, nous (travailler) dans le jardin, mais ils (rester) à la maison – ils (consulter) des livres.

Au mois de décembre, nous (chanter) des chants de Noël, mais ils (écouter) des chants à la radio.

Mais à Noël, nous sommes tous ensemble et nous mangeons un grand repas!

Jojo gagne le fromage!

Voici une autre aventure de Tom et Jojo. Regarde bien les dessins, et lis les phrases. Puis, mets les phrases dans l'ordre correct.

A Mais Jojo saute sur la télévision.

B Le fromage roule. Il roule chez Jojo. Jojo est très contente.

C Voici Jean-Pierre. Il entre dans la salle à manger. Il regarde Tom.

D Jojo cherche du fromage. Mais il n'y a pas de fromage dans la cuisine aujourd'hui.

E Jojo entre dans la salle à manger. Voilà! Il y a du fromage sur la table. Jojo adore le fromage. Elle saute sur la table.

F Jean-Pierre prend le fromage. Soudain, il regarde Jojo. Il saute sur une chaise.

G Tom saute sur la télévision.

H Mais Tom aussi est dans la salle à manger. Il saute sur la table.

Vous pensez aux vacances?

Les jours de fête sont souvent les jours de vacances.
Alors, voilà des idées de vacances.
Pour les vacances de février,
louez un studio ou un appartement
à la montagne!

Types d'appartement	Tarif (semaine)
A Studio sans balcon salle de séjour (2 lits) cuisine, salle de bains	850F
B Studio avec balcon salle de séjour (2 lits + un lit tiroir) cuisine, salle de bains, balcon	980F
C Appartement 2 pièces chambre (1 lit double) salle de séjour (2 lits) cuisine, salle de bains, balcon	1,460F
D Appartement 3 pièces chambre (1 lit double) chambre (2 lits) salle de séjour (2 lits + 1 lit tiroir) cuisine, salle de bains, balcon	1,830F

A toi!

Tu as des amis qui désirent louer un appartement ou un studio dans les Alpes françaises. Choisis A, B, C ou D pour chaque groupe.

1 La famille Robert – 2 adultes, 2 enfants.
2 Anne Davies et deux amies – elles préfèrent avoir un balcon.
3 La famille Martin – père, mère, 2 grandparents, 3 enfants.
4 Peter Jones et sa femme Linda.

La discothèque
Le Hibou

mardi 15 février
Mardi Gras
Grande soirée **Carnaval**
Concours de costumes
Entrée gratuite à toutes
personnes déguisées

---

14 juillet

17h Blanc Batou (percussions) se déplacent dans la ville.

21h Bal, place de l'Hôtel de Ville

22h Grand feu d'artifice

Vrai ou faux

1 Il y a une grande soirée Carnaval le quatorze février.
2 A la discothèque *Le Hibou*, il y a un concours de tennis.
3 Le voyage à La Rochelle est à Noël.
4 Le voyage à La Rochelle est du samedi au mardi.
5 Vendredi, samedi et lundi sont des jours difficiles à cause de la fête nationale.
6 Le quatorze juillet il y a un feu d'artifice et un bal.
7 A la cathédrale de Notre-Dame, il y a un concert de chants de Noël.
8 Le concert de Chants de Noël est le vingt-quatre décembre.

Pâques sur les routes

Bison Futé vous annonce:

3 jours difficiles –
vendredi, samedi
et lundi

Faites attention sur les routes!

Noël à Paris
Chants de Noël
de nos provinces
En la cathédrale
Notre-Dame de Paris
le **17,18** et **19** décembre
à 21h

250 choristes, musiciens, danseurs et comédiens en costumes régionaux interprètent des chants de Noël.

Week-end de Pâques à La Rochelle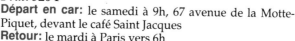
Prix: 920 F
Départ en car: le samedi à 9h, 67 avenue de la Motte-Piquet, devant le café Saint Jacques
Retour: le mardi à Paris vers 6h

Cartes postales
Lis les cartes postales et complète les phrases.

Bordeaux
le 7 août

Il fait très chaud ici. Nous jouons au tennis et les garçons jouent au football. Nous rentrons à Paris le 18 août.
A bientôt.
Martine

Strasbourg
le 14 juillet

Il fait beau ici. Aujourd'hui il y a un grand défilé. Ce soir, nous dansons dans la rue!
Amitiés,
Pierre

M. et
12 rue
1700

Mlle G.
29 Rue
Poitiers

Chamonix
le 10 février

C'est formidable ici. Il neige beaucoup. Je fais du ski le matin et l'après-midi. Le soir, je danse.
A bientôt
Anne-Marie

M. F. Duval
57 rue de la Cit
13007 Marseille

1 Martine est à …

2 Quel temps fait-il là-bas? Il …

3 Elle rentre à Paris …

4 Pierre est à …

5 Il a écrit sa carte …

6 Anne-Marie est à …

7 Quel temps fait-il là-bas? Il …

8 Le soir, elle …

Des vêtements pour le voyage

Ecoute la cassette. Ces Français parlent des vêtements qu'ils portent. Décide qui parle à chaque fois.

Les vêtements sont mélangés

Qu'est-ce qu'ils disent?
Exemple: La robe est très petite.
Anne-Marie dit: La robe est très petite.

1 Le pantalon est très grand.

2 Les chaussettes sont horribles.

3 Le tricot est très petit.

4 La jupe est très grande.

5 Je déteste les chaussures.

6 Le T-shirt est énorme.

LA PAGE DES LETTRES
Voici deux de vos lettres à Alain sur la vie en famille.

Cher Alain,
Tu n'es pas seul. Moi aussi, j'ai des problèmes de famille. Mon problème, c'est ma petite sœur, Sophie. Elle a sept ans et elle partage ma chambre. Elle porte mes vêtements – elle adore mes tricots et mes chaussures! Elle joue avec mes affaires. Elle dessine sur mes cahiers. Quand j'écoute de la musique, elle chante et elle danse. Quand je travaille, elle parle tout le temps. Quand je reste dans ma chambre, elle reste là aussi. Quand je ne suis pas là, elle arrive avec beaucoup d'amies et elles jouent, toutes, dans la chambre. Quel désastre!
Françoise, Dieppe

Cher Alain,
Moi, je suis fils unique, alors je n'ai pas ton problème, mais voilà quelques idées:
Divise la chambre en deux. Dessine deux cartes; une avec ton nom, l'autre avec le nom de ton frère.
Invente des règles, par exemple, pendant une heure la chambre est à ton frère exclusivement, et pendant une heure elle est à toi – 5h - 6h Henri; 6h - 7h Alain
Bonne chance!
Sébastien, Sainte Marie

A toi!
Imagine que tu es Françoise ou Alain (relis sa lettre à la page 29) et écris une liste pour tes parents.
Exemple: Sophie/Henri est impossible. Elle/il ……

Des cartes pour toutes les fêtes

Quelle carte est-ce que tu envoies ...
- à Noël?
- pour l'anniversaire de ta mère?
- pour la fête de ton ami(e) français(e)?
- pour le nouvel an?
- à Pâques?

BONNE ANNÉE

Un sondage

Faites un sondage en classe.

La question: – C'est quand, ton anniversaire?
La réponse: – C'est le …

Qui a l'anniversaire dans le même mois? Et peut-être le même jour?

Faites 'un camembert' des résultats (voir la page 21).

A toi!

*Regarde les **Idées cadeaux**.*

1. *Imagine qu'on t'a offert quatre de ces cadeaux. Qu'est-ce qu'on t'a offert pour ton anniversaire?*
   Exemple: *On m'a offert une trousse en forme de carotte, ...*

2. *Tu as 30 francs. Ecris une liste des cadeaux que tu décides d'acheter.*
   Exemple: *(J'achète) une tarentule (14F), un crayon géant (10F), une gomme Tricolore (5F)*

3. *Dessine un cadeau original.*

Idées cadeaux pour moins de 50 F

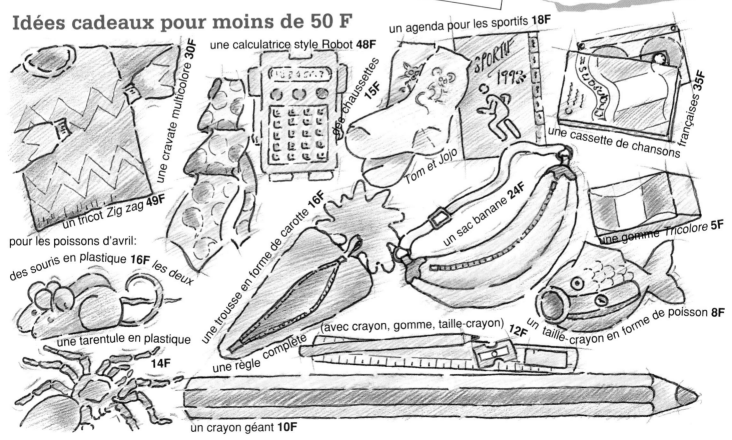

un agenda pour les sportifs **18F**

une calculatrice style Robot **48F**

une cravate multicolore **30F**

des chaussettes **15F**

une cassette de chansons françaises **35F**

un tricot Zig zag **49F**

Tom et Jojo

un sac banane **24F**

une gomme *Tricolore* **5F**

pour les poissons d'avril:

des souris en plastique **16F** les deux

une trousse en forme de carotte **16F**

une tarentule en plastique **14F**

un taille-crayon en forme de poisson **8F**

une règle complète (avec crayon, gomme, taille-crayon) **12F**

un crayon géant **10F**

Pour Noël on m'a offert ...

Réponds pour la famille Clément.
Exemple: Grand-père: Pour Noël, on m'a offert des chaussettes vertes.

Dossier-langue

Look at these examples and work out how you say that there is more than one of something.

singular		**plural**	
un livre		des livres	
une carte postale		des cartes postales	
le sac		les sacs	
la chaussette		les chaussettes	

Plural means **more than one**. In French, as in English, you usually add an *-s* to the word that is in the plural, but in French you can't hear the *-s* on the end. If a word already ends in *-s*, then there is no change in the plural.

une souris *des souris*

What do *un* and *une* change to in the plural?

What happens to *le* and *la*?

A few words have a special plural ending in *-x*, which, like the *-s* ending, is not spoken.

un cadeau	des cadeaux
un oiseau	des oiseaux
un animal	des animaux

Look at these words and decide which are singular and which are plural.

la porte	les fenêtres	le stylo
une souris	un pantalon	des chaussettes

Now look at these pairs of sentences. How many words are different in the second sentence?

Le chien est noir.
Les chiens sont noirs.

Le lapin blanc mange la carotte.
Les lapins blancs mangent les carottes.

Notice that the verb changes in a plural sentence and any words (like *noir* or *grand*) that describe the main word now have an *-s* on the end.

Try making up some plural sentences of your own.

Beaucoup de cadeaux

Choisis les mots corrects pour décrire ces cadeaux.
Exemple: Les crayons sont rouges.

les chaussettes	noires	jaune
les cravates	noirs	jaunes
les livres	brunes	verte
les cartables	brun	verts
les chaussures	gris	bleu
les crayons	grise	bleus
les T-shirts	rouge	blancs
les sacs	rouges	blanches

Combien d'animaux?

Tous ces animaux sont dans le dessin, mais il y en a combien?
Exemple: 1 Il y a trois petits chats noirs.

1 Un petit chat noir.
2 Un lapin blanc.
3 Un grand chien.
4 Une petite souris brune.
5 Un perroquet vert.
6 Un poisson rouge.
7 Un hamster jaune.
8 Un cochon d'Inde noir.
9 Une perruche bleue.

Des cadeaux pour Suzanne

Aujourd'hui c'est le vingt-neuf janvier. C'est l'anniversaire de Suzanne. Elle a quinze ans.

Vrai ou faux?

1 C'est la fête de Suzanne.
2 Suzanne a 15 ans.
3 On lui a offert beaucoup de livres.
4 Les parents de Suzanne lui ont offert un CD.
5 Suzanne a beaucoup de CDs de Citron Pressé.

Comment ça se dit en français?

1 Happy Birthday.
2 Here's a little present for you.
3 Thank you very much.
4 That's very kind.
5 It's nothing.

Travaillez à deux

Imaginez que c'est l'anniversaire d'un(e) de vous.

*L'autre choisit un cadeau des **Idées cadeaux** à la page 39.*

Inventez la conversation.

Sommaire

Now you can ...
talk about the months of the year
(see page 33)

en janvier	in January	*le premier*	first
au mois de février	in February	*le dernier*	last

ask for and give the date

Le combien sommes-nous?	What's the date?
Quel jour sommes-nous?	What day is it?
C'est quand, ...?	When is ...?
C'est le mardi premier juin	It's Tuesday the first of June
C'est le lundi cinq mai	It's Monday the fifth of May

talk about events in the year and give greetings

la saint Sylvestre	New Year's Eve
le jour de l'an	New Year's Day
Bonne Année	Happy New Year
Mardi Gras	Shrove Tuesday
(à) Pâques	(at) Easter
Joyeuses Pâques	Happy Easter
la fête nationale	Bastille day (July 14)
(à) Noël	(at) Christmas
Joyeux Noël	Happy Christmas
l'anniversaire	birthday
Bon Anniversaire	Happy Birthday
la fête	Saint's day
Bonne Fête	Best Wishes on your Saint's Day

talk about birthdays

C'est quand, ton anniversaire?	When is your birthday?
Qu'est-ce qu'on t'a offert?	What did you get?
Mon anniversaire est le ...	My birthday is ...

talk about presents

Voilà un petit cadeau pour vous/toi	Here is a little present for you
C'est très gentil	That's very kind of you
Merci beaucoup	Thank you very much
De rien	It's nothing

Pour	Noël	on m'a offert	un ...
	mon anniversaire		une ...
	ma fête		des ...

understand holiday postcards
(see page 38)

use the plural form in French
(Verbs: see page 36)
(Nouns: see page 40)

talk about clothes

la jupe	skirt	*le T-shirt*	T-shirt
la robe	dress	*la cravate*	tie
le pantalon	trousers	*les chaussures* (f)	shoes
le tricot	jumper or cardigan	*les chaussettes* (f)	socks

Unité

7

Une ville en France

In this unit you will learn how to ...

- talk about places in a French town
- ask for information and obtain a map from a tourist office
- ask for, understand and give directions
- use the verb aller (to go)
- understand how far away places are
- say exactly where things are
- use the words for 'at' and 'to'

You will also ...

- find out more about La Rochelle

En direct de La Rochelle

Nos deux reporters, Chantal Sabrine et Marc St Clair, visitent pour vous la ville de La Rochelle, à l'ouest de la France. Regardez l'article de Chantal.

Un grand bonjour de La Rochelle.

Chantal Sabrine

C'est un grand port, avec un marché aux poissons. C'est aussi une ville de vacances.

Quand il fait froid, on visite les musées, l'aquarium ou les magasins.

Marc St Clair

Quand il fait beau, on va à la piscine et on se bronze sur la plage. A La Rochelle, il fait très chaud en été.

Le soir, on mange dans les restaurants, on écoute la musique ou on va au vieux port.

Qu'est-ce qu'il y a à voir à La Rochelle? A l'office de tourisme, Madame Lomer répond à ma question.

l'église Saint-Sauveur

l'Hôtel de Ville

Il y a la cathédrale, l'église Saint-Sauveur et l'Hôtel de Ville – c'est très joli ça.

Les vieilles rues à arcades sont très pittoresques et il y a les musées et les trois tours –

la tour de la Chaîne

la tour St. Nicolas,

et la tour de la Lanterne.

Je prends mon *Plan-guide* de La Rochelle et un dépliant sur la tour de la Chaîne, et je cherche de jeunes touristes.

Les jeunes personnes, qu'est-ce qu'ils pensent de La Rochelle? Qu'est-ce qu'il y a à faire et à voir ici?

Voici Fabien. Il passe trois jours à l'auberge de jeunesse à La Rochelle.

Fabien

Il aime les petits vélos jaunes. Pour trois heures de vélo, c'est gratuit!

Puis voilà Sophie. Elle passe une semaine au camping avec son frère, Simon.

Elle aime la piscine et les plages de l'île de Ré.

Simon adore les acrobates et les clowns au vieux port.

Sophie

Simon

Et pour les jeunes qui habitent à La Rochelle, qu'est-ce qu'il y a?

Au club des jeunes, voici Coralie et Sébastien. Ils aiment la ville en hiver!

Sébastien

Coralie

Coralie aime la piscine couverte et les crêperies.

Ils vont quelquefois à l'aquarium ou à un des musées – Sébastien aime bien les modèles réduits.

En été, ils passent beaucoup de temps au port des Minimes.

En juillet, ils vont avec tous leurs amis au grand festival de musique – les *Francofolies*.

C'est formidable! Il ne faut pas manquer ça!

 **Qui parle?**

Ecoute bien la cassette. Qui parle? Les personnes qui parlent sont à la page 42 ou 43.
Exemple: 1 C'est Coralie.

43

Radio Jeunesse

Maintenant, écoute Marc St Clair à Radio Jeunesse!

Il parle aux personnes dans la case. Mais qui est-ce? Est-ce que tu peux les identifier?

Exemple: 1 C'est M. Drouot.

1 Sa femme s'appelle Pascale.
2 C'est une femme, et sa famille adore le port des Minimes.
3 Il pense qu'il n'y a pas beaucoup à faire à La Rochelle, mais il aime les restaurants.
4 Il a une sœur et il aime la mer.
5 Elle aime les magasins et les rues à arcades.
6 Il adore l'été et il aime beaucoup La Rochelle.
7 Elle aime les vélos jaunes de La Rochelle.
8 Il a deux enfants et il aime la plage.
9 Il va souvent à La Rochelle et il a beaucoup d'amis.
10 Elle a des enfants et elle va tous les ans à La Rochelle.

Mme Klébert	M. Klébert	Christophe Klébert
Hélène Klébert	M. Drouot	Mme Drouot
Marc St Clair	un jeune homme (Michel Brassens)	

Une visite-échange

Ton collège va faire une visite-échange avec un collège à La Rochelle. Le professeur à La Rochelle, qui organise la visite, a envoyé cette liste d'activités à ton collège.

La liste propose des activités pour la semaine. Choisis les quatre activités que tu préfères et dis pourquoi.

Exemple:
6 – j'aime les bateaux

Visite-échange

Pour nous aider à organiser les visites, choisis les 4 activités que tu préfères.

1 Visite guidée de l'église Saint Sauveur.
2 Visite de la Tour de la Chaîne avec spectacle 'Son et Lumière'.
3 Visite de l'Hôtel de Ville.
4 Deux heures de shopping dans les vieilles rues à arcades.
5 Excursion à l'île de Ré.
6 Un après-midi au Port des Minimes avec petite excursion en bateau (30 minutes).
7 Tour du centre de La Rochelle en vélo jaune (2 heures).
8 Pique-nique dans le parc Frank Delmas.
9 Après-midi dans le musée de ton choix.
10 Visite du marché aux poissons (le matin à 6h!)

Chaque mot à sa place

Remplis les cases avec ces mots:

hôtel
gare   piscine   église
musée   marché
cathédrale   parc
hôpital   poste

A l'office de tourisme

En France, dans toutes les villes, et quelquefois dans les villages, il y a un office de tourisme.

Il s'appelle (l')**Office de Tourisme**, ou (le) **Bureau de Tourisme** ou (le) **Syndicat d'Initiative**

SYNDICAT D'INITIATIVE ET DE TOURISME

Voici l'Office de Tourisme à la Rochelle, près du vieux port.

Ici on va vous donner:

1 un plan de la ville
2 un dépliant ou une brochure sur la ville
3 une liste des hôtels
4 un guide

– Bonjour, Madame. Avez-vous un dépliant sur La Rochelle?
– Ah oui, Monsieur. Voici un dépliant.
– Et avez-vous un plan de la ville, s'il vous plaît?
– Bien sûr, Monsieur. Voilà.
– Merci beaucoup, Madame.
– De rien, Monsieur.

A toi!

Maintenant, à toi! Demande trois choses.

Avez-vous (…?)	une liste des hôtels un guide de La Rochelle un plan de la ville	
Donnez-moi	un dépliant sur	le vieux port le port des Minimes les Francofolies les musées la cathédrale les trois Tours
	une brochure sur	

Les touristes à La Rochelle

Ecoute bien la cassette. Des touristes à La Rochelle posent des questions. Mais où vont-ils?

Exemple: *Touriste 1 demande:* –Pour aller au restaurant Serge, s'il vous plaît? *La réponse correcte est* **1D**.

Qu'est-ce que vous voulez demander?

Voici quatre questions utiles.

1 Pour aller …?

Pour aller au marché aux poissons?

Pardon,	Monsieur, Madame, Mademoiselle,	pour aller	au café? au cinéma? au jardin public? au marché? au magasin? au musée? au port? au parc? au restaurant? au supermarché?

2 Où est …?

Où est le musée, s'il vous plaît?

Invente un dessin amusant pour une de ces phrases:

Où est le marché?

Où est la mer?

Où est le musée?

Où est la banque?

Où est le marché aux poissons?

Où est le zoo?

3 Est-ce qu'il y a un(e) … près d'ici?

Est-ce qu'il y a un zoo près d'ici?

4 C'est loin?

Le parc, c'est loin?

L'office de tourisme, c'est loin?

Hasan et ses amis, Alain et Caroline, vont passer des vacances à La Rochelle. Ils arrivent à la gare de La Rochelle. C'est le cinq juillet et il fait très chaud.

– Pardon, Madame. Le centre-ville, c'est loin?
– Le centre-ville? Oui, c'est loin.
– Est-ce qu'il y a un autobus?
– Oui, prenez l'autobus numéro 1 devant la gare.
– Merci, Madame.
– Je vous en prie.

Les trois amis arrivent au centre-ville. Ils descendent de l'autobus place de Verdun:

– Maintenant, un plan de la ville!
– Bonne idée!
– Pardon, Monsieur, est-ce qu'il y a un office de tourisme près d'ici?
– L'office de tourisme? Oh, c'est loin! C'est sur le quai du Gabut.
– C'est où, ça?
– C'est près de la mer et c'est assez près de la gare.
– C'est près de la gare, oh non! Ça alors!

– Zut alors! L'office de tourisme est très loin!
– Ouf! Il fait très chaud, n'est-ce pas?
– Oui, c'est vrai. Alors, on cherche un café?
– Bonne idée! Pardon, Madame. Est-ce qu'il y a un café près d'ici?
– Bien sûr! Il y a le Café de la Paix dans la rue Chaudrier. Ce n'est pas loin.

Où sont les toilettes?

Des questions importantes!

Tu es un(e) touriste dans une ville en France. Tu vas à l'office de tourisme. Quelles questions est-ce que tu vas poser?

Voici douze questions possibles. Choisis les six questions qui sont les plus importantes pour toi.

Arrange les six questions en ordre d'importance.

Exemple:

1 B Est-ce qu'il y a une piscine ici?

2 ………

Voici les questions:

A Qu'est-ce qu'il y a à voir ici?

B Est-ce qu'il y a une piscine ici?

C Pour aller à la poste, s'il vous plaît?

D Où est la banque?

E Est-ce qu'il y a un marché dans cette ville?

F Est-ce qu'il y a un café près d'ici?

G Le cinéma, c'est loin?

H Où sont les toilettes, s'il vous plaît?

I Où est la gare?

J Qu'est-ce qu'il y a pour les jeunes ici?

K Pour aller au camping, s'il vous plaît?

L Est-ce qu'il y a une auberge de jeunesse ici?

Quelles sont les questions les plus populaires dans ta classe?

Regarde notre sélection et notre ordre d'importance à la page 118.

Est-ce que tu as fait la même sélection que nous?

LA PAGE DES ... JEUX ... JEUX ... JEUX ...

1 C'est quelle direction? A gauche ou à droite?

Réponds aux questions de ces touristes et complète les phrases.
Exemple:
1 – Pour aller à l'office de tourisme?
  – Tournez à gauche.

1 – Pour aller à l'office de tourisme?
  – Tournez …
2 – Pour aller à l'hôtel de ville?
3 – La place de Verdun est …
4 – Pour aller à la poste?
5 – L'île de Ré est …
6 – Pour aller au musée?

2 Pardon, Monsieur …

Ecoute la cassette. Des touristes demandent le chemin.

Regarde les directions et choisis le mini-plan correct.

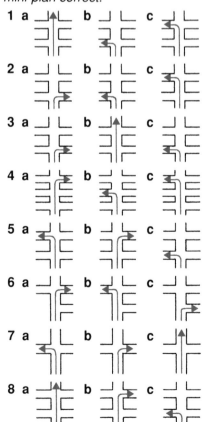

7 – Le centre-ville est …
8 – L'hôtel François 1er est …
9 – Pour aller au camping?
10 – Pour aller au théâtre?

3 Par ici!

Quelle est la réponse correcte?
1 Pour aller à la piscine, s'il vous plaît?
2 Pour aller à la poste, s'il vous plaît?
3 Pour aller au restaurant, s'il vous plaît?
4 Pour aller au cinéma, s'il vous plaît?
5 Pour aller à l'église, s'il vous plaît?

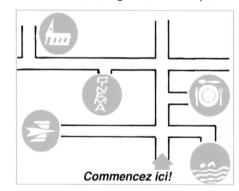

Commencez ici!

a Allez tout droit, puis c'est la deuxième rue à droite.
b C'est la première rue à droite. Ce n'est pas loin.
c Allez tout droit, prenez la deuxième rue à gauche. Puis c'est à gauche.
d La première rue à gauche, puis c'est tout droit.
e C'est tout droit, puis la deuxième à gauche, et puis c'est la première rue à droite.

4 M. Tournon livre ses fruits

M. Tournon est marchand de fruits. Le matin, M. Tournon livre des fruits à tous les hôtels dans sa ville. Mais où va-t-il exactement?

*Le départ est devant son magasin (**A**). Il finit son voyage à **B** – c'est le café de son frère, et M Tournon adore le chocolat chaud!*

En route il passe par chaque hôtel une fois seulement, et il ne retourne pas sur ses pas.

Quelle route est-ce qu'il choisit?

A toi de donner les directions!
Exemple: Allez tout droit, puis prenez la … rue à droite. Tournez …

5 Le dessin mystérieux

Voici un dessin mystérieux. C'est un monument ou un bâtiment à La Rochelle.

1 *Dessine dix cases (mais plus grandes!).*
2 *Copie les petits dessins dans les cases correctes pour trouver le bâtiment.*

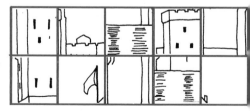

Solutions à la page 118

Un plan de la ville

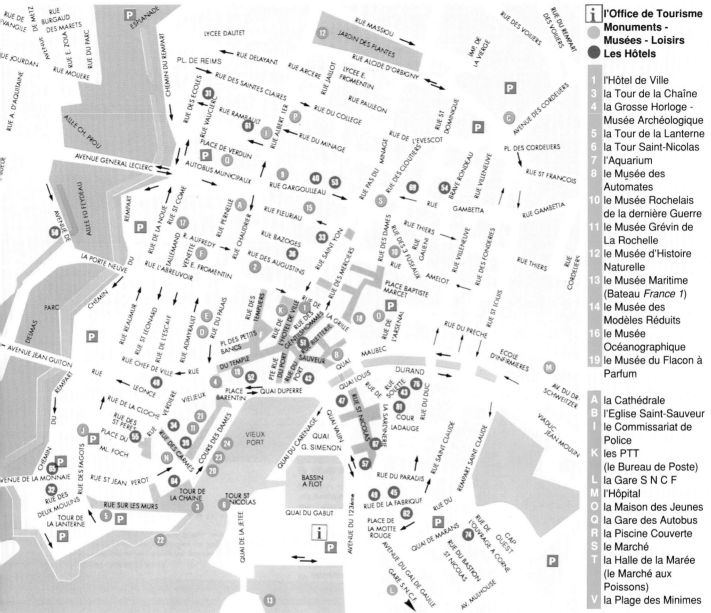

l'Office de Tourisme
**Monuments -
Musées - Loisirs
Les Hôtels**

1 l'Hôtel de Ville
3 la Tour de la Chaîne
4 la Grosse Horloge -
  Musée Archéologique
5 la Tour de la Lanterne
6 la Tour Saint-Nicolas
7 l'Aquarium
8 le Musée des
  Automates
10 le Musée Rochelais
  de la dernière Guerre
11 le Musée Grévin de
  La Rochelle
12 le Musée d'Histoire
  Naturelle
13 le Musée Maritime
  (Bateau *France 1*)
14 le Musée des
  Modèles Réduits
16 le Musée
  Océanographique
19 le Musée du Flacon à
  Parfum

A la Cathédrale
B l'Eglise Saint-Sauveur
I le Commissariat de
  Police
K les PTT
  (le Bureau de Poste)
L la Gare S N C F
M l'Hôpital
O la Maison des Jeunes
Q la Gare des Autobus
R la Piscine Couverte
S le Marché
T la Halle de la Marée
  (le Marché aux
  Poissons)
V la Plage des Minimes

Vrai ou faux?

Regarde le plan pour trouver les réponses.

1 Il y a un parking place de Verdun.
2 L'office de tourisme est dans la rue du Collège.
3 La poste est près de l'hôtel de ville.
4 La tour de la Lanterne est près de l'office de tourisme.
5 La cathédrale est dans la rue Chaudrier.
6 Il n'y a pas beaucoup de musées à La Rochelle.
7 La gare SNCF est près de la gare des autobus.
8 Il y a beaucoup d'hôtels à La Rochelle.

Tu es sur la place de Verdun

Voici les questions:

1 Pour aller à la cathédrale, c'est loin?
2 Pour aller à la tour St Nicolas, c'est loin?
3 La poste, c'est loin d'ici?
4 C'est loin, l'office de tourisme?

Quelles sont les réponses?

a Oui, c'est loin.
b C'est assez loin?
c Non, c'est tout près.
d Oui, c'est très loin. Prends l'autobus!

Où es-tu?

Travaille avec un(e) partenaire.

Regarde le plan, choisis une rue ou un autre endroit pour le départ et donne des directions à ton/ta partenaire.

Après quatre ou cinq directions, demande:
– Où es-tu?

Si la réponse est correcte, ton/ta partenaire gagne un point, et il/elle donne des directions pour toi.

Si la réponse n'est pas correcte, tu gagnes un point, tu choisis un autre point de départ, et tu donnes des directions différentes.

Exemple: – Le départ est la tour de la Lanterne. Prends la rue des Fagots. Prends la première rue à gauche, puis la première à droite et la troisième à gauche. Où es-tu?
– Dans l'avenue Général Leclerc.

Les musées, ça t'intéresse?

Voici quatre musées très populaires à La Rochelle, mais il y en a beaucoup d'autres – regarde le plan à la page 47!

Musée unique.
800m² de maquettes, scènes historiques, petits trains en mouvement, voitures anciennes, 'Bataille Navale' spectacle unique en son et lumière.

Il ne faut pas manquer ça!

MUSÉE DES AUTOMATES

300 personnages en mouvement dans un décor original automates anciens et modernes figurines historiques les plus belles maquettes animées.

Allez passer une journée intéressante dans ce musée fantastique.

Sur le bateau FRANCE 1

Visitez ce bateau célèbre.
Sections: Météo; La vie à bord; La salle des machines
Jeux informatiques, vidéo
UN MUSÉE FLOTTANT
OUVERT TOUS LES JOURS

MUSÉE MARITIME DE LA ROCHELLE

LE MUSÉE GRÉVIN DE LA ROCHELLE

sur le Vieux Port
L'histoire de La Rochelle du XIIᵉ siècle à nos jours

Si vous aimez le musée de Madame Tussaud en Angleterre, vous êtes sûr d'aimer ça.

On va en ville

Choisis des mots dans la case pour remplacer les mots soulignés.

– On va en ville cet après-midi?
– Oui, d'accord.
– On va aux magasins?
– Ah non, ce n'est pas intéressant.
– On va à la piscine?
– Non, moi, je n'aime pas ça.
– On va au musée?
– Non, pas ça.
– On va au cinéma, alors?
– D'accord. On va au cinéma.
– J'aime bien le cinéma.

au parc	au port	au café
à la ferme	au club des jeunes	
au marché	au restaurant	

Ils pensent à quoi?

Regarde ces personnes – à quoi pensent-ils?
Exemple: 1 Je vais à la piscine.

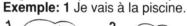

Dossier-langue

au, à la, à l', aux

The French for 'to' or 'at' is **à**. You have already met it several times.

With masculine (*le*) words it becomes **au**, as in **au** *supermarché* (to or at the supermarket).

With feminine (*la*) words it stays the same, as in **à la** *piscine* (to or at the swimming pool).

With words beginning with a vowel (*a, e, i, o, u*) it stays the same, as in **à l'***appartement* (to or at the flat).

This is true for a silent *h* as well, as in **à l'***hôtel* (to or at the hotel).

If the word is plural you use **aux**, as in **aux** *magasins* (to or at the shops).

Où vas-tu?

Tu organises une petite visite à La Rochelle. Où vas-tu?

Ecris une liste de six réponses à cette question avec les mots dans le tableau.

A La Rochelle je vais	au	vieux port marché aux poissons cinéma musée
	à la	plage piscine gare tour de la Chaîne
	à l'	office de tourisme Hôtel de Ville église St Sauveur
	aux	magasins trois tours Francofolies

Dossier-langue

aller (to go)

Like all verbs in French, *aller* has different forms, depending on who, or how many people, are 'going' somewhere.

To make it clearer, verbs are often written out according to a special pattern.

Verbs which follow exactly the same pattern as lots of others are known as **regular verbs**.

Others, like *aller*, have their own special pattern. Verbs like this, usually ones which are used quite a lot, are known as **irregular verbs**, and, unfortunately, these really have to be learnt separately.

In this unit you have already met a lot of the parts of *aller* (to go). Look at the speech bubbles which go with these cartoons and also see how many words for 'go' you can find earlier in the unit.

Here is the verb *aller* set out in the usual way. Study the pattern carefully and see how quickly you can learn it!

je vais	I go/am going	*nous allons*	we go/are going
tu vas	you go/are going	*vous allez*	you go/are going
il va	he goes/is going	*ils vont*	they go/are going
elle va	she goes/is going	*elles vont*	they go/are going
on va	'one' goes/is going/people go/are going		

Remember: when you are talking about other people by name, you use the same part of the verb that goes with *il* or *elle*, e.g.

Il va *au match de rugby.*   **Luc va** *au match de rugby.*
Elle va *à l'hôpital.*   **Coralie va** *à l'hôpital.*

If you are talking about more than one person or thing, use the part of the verb that goes with *ils* or *elles*, e.g.

Ils vont *à la piscine.*   **Les enfants vont** *à la piscine.*
   Luc et Anne vont *à la piscine.*

Watch out for this as you find out where Coralie's friends went while she was in bed with a broken leg.

Coralie est au lit

Coralie s'est cassé la jambe gauche. Elle reste à la maison, mais tous ses amis vont en ville. Elle n'est pas contente! Mais ses amis sont fantastiques! Ils téléphonent à Coralie.

Ecoute les conversations et découvre où ils vont aujourd'hui.

Exemple: 1 Sébastien va au cinéma (**C**)

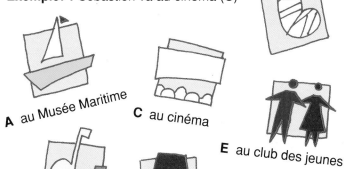

A au Musée Maritime   **C** au cinéma

E au club des jeunes

B au disco Plaza

D aux magasins

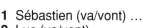

F au parc

1 Sébastien (va/vont) …
2 Luc (va/vont) …
3 Anne-Marie (va/vont) …
4 Vincent (va/vont) …
5 Stéphanie et Mireille (va/ vont) …
6 Christophe et Jean-Pierre (va/vont) …
Mais, le soir, ils vont tous … … maison de Coralie.

Où vas-tu le samedi?
Où allez-vous le dimanche?

Invente six phrases.

		je	vais	au restaurant
Le samedi	après-midi	mon frère ma sœur mon ami(e) la famille on	va	au café au cinéma au marché en ville en disco
Le dimanche	soir	nous	allons	à l'église
		mes amis mes parents	vont	à la piscine chez des amis

Allez! Allez! Allez!

Complète les phrases. **Exemple: 1 G**

1 Nous …

2 Ils …

3 Je …

4 On …

5 Tu …

6 Vous …

7 Elle …

A … va au zoo?
B … allez à la banque?
C … vont au Musée des Modèles Réduits.
D … va chez sa grand-mère.
E … vas à la disco avec moi?
F … vais à la maison.
G … allons au marché aux poissons.

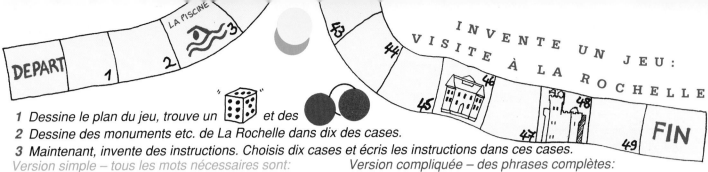

INVENTE UN JEU: VISITE À LA ROCHELLE

1 Dessine le plan du jeu, trouve un 🎲 et des ⬤⬤

2 Dessine des monuments etc. de La Rochelle dans dix des cases.

3 Maintenant, invente des instructions. Choisis dix cases et écris les instructions dans ces cases.

Version simple – tous les mots nécessaires sont:

VA AU/ A LA/ AUX …	RECULE DE 2 CASES	AVANCE DE 2 CASES	PASSE 2 TOURS X X

Version compliquée – des phrases complètes:

TU TOMBES A LA MER TU PASSES 1 TOUR	TU AS UN VELO JAUNE VA VITE AU NUMERO 10	TU CHERCHES UN PLAN DE LA VILLE- TU VAS A L'OFFICE DE TOURISME	TU AIMES LES BATEAUX? TU VAS AU MUSEE MARITIME

4 Joue avec des amis.

Où?

Choisis un de ces mots pour compléter chaque phrase.

devant   dans   sur   derrière   entre   sous

1 La souris est … les deux chats.

2 La souris est … le chat.

3 La souris est … le chat.

4 La souris est … le chat.

5 La souris est … le chat.

6 L'homme est … le lion.

7 L'homme est … le lion.

8 L'homme est … les deux lions.

9 L'homme est … le lion.

10 L'homme est … le lion.

C'est où, exactement?

Réponds aux questions de ce touriste.

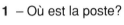

Exemple:
– Où est la banque?
– Entre l'hôtel et le cinéma.

1 – Où est la poste?

2 – Où est le parc?

3 – Où est la cathédrale?

4 – Où est la piscine?

5 – Où est le parking?

LA PAGE DES LETTRES

Es-tu un mouton?

Mes amis pensent qu'ils sont très à la mode. Ils portent tous un jean et une chemise de rugby – extra!

Puis, un jour, ils regardent des photos dans un magazine pour les jeunes, et … hop! Ça change. Les chemises de rugby ne sont pas à la mode … maintenant, c'est les pullovers très grands.

Deux ou trois jours après, ils portent tous un pullover énorme! Ils sont comme des moutons!

C'est comme ça tout le temps! Les jeunes vont au même cinéma, ils regardent les mêmes films, ils écoutent la même musique, ils vont tous aux mêmes cafés, ils aiment tous le coca et le 'fast-food' … des moutons!

Moi, je préfère être individuelle, originale. Si mes amis n'aiment pas mes vêtements ou détestent mes disques, ça va – ce n'est pas important. Moi, je les aime et moi, je ne suis pas un mouton!

Sophie Délormes (14 ans), Rennes

Merci, Sophie, pour ta lettre très intéressante. Nous allons poser des questions à nos lecteurs pour découvrir s'ils sont des moutons!

JEU-TEST

1 Etre à la mode – pour toi c'est …
a) très important
b) assez important
c) pas très important

2 Tes amis n'aiment pas les vêtements que tu portes aujourd'hui. Qu'est-ce que tu fais?
a) je change de vêtements immédiatement
b) je n'aime pas ça, mais je ne change pas de vêtements.
c) pour moi, ce n'est pas important

3 Tu vas au restaurant avec tes amis:
a) je mange les mêmes choses que mes amis
b) je mange les choses que, moi, je préfère
c) je choisis toujours des choses que mes amis n'aiment pas

4 A la télévision …
a) je regarde les mêmes choses que mes amis
b) je regarde les choses que, moi, je préfère
c) je n'aime pas les choses à la mode

5 Le samedi soir tes amis vont à une discothèque que tu n'aimes pas. Est-ce que tu vas à cette disco aussi?
a) je vais en disco avec mes amis, et je dis que c'est fantastique!
b) je vais en disco pour être avec mes amis
c) je ne vais pas en disco, j'écoute de la musique à la maison

6 En général …
a) je préfère être exactement comme mes amis
b) j'aime être un peu comme mes amis mais un peu individuel aussi
c) je préfère être complètement original

Es-tu un mouton? 6 ou 5 x a) tu es un mouton!
6 ou 5 x b) tu es une personne intelligente!
6 ou 5 x c) tu n'es pas un mouton – mais tu es un peu extraordinaire!

La Rochelle: Statistique

Heures de soleil
　　　　2600 par an

Port de plaisance
　　　　Les Minimes (le plus
　　　　grand en Europe)
　　　　presque 3000 voiliers
　　　　(bateaux à voiles)

Auberges de jeunesse	2
Banques	33
Boulangeries	21
Bureaux de Poste	6
Terrains de Camping	2
Cathédrale	1
Cafés et bars	65
Eglises	16
Gare S N C F	1
Hôtels	50+
Musées	15+
Piscines	2 (1 est couverte)
Restaurants	120+
Rues (dans le centre-ville)	190+
Tours	3

La Rochelle en mots croisés

*Consulte **La Rochelle: Statistique** et complète les mots croisés.*

Horizontalement

2 Tu aimes les tours? Alors vas à la tour Saint Nicolas, ... à la tour de la Lanterne, ... à la tour de la Chaîne.(2)

7 Tu as la tente? Bon, allons ... camping.(2)

8 A la Rochelle il y a plus de 50 ... .(6)

9 On va manger? Il y a ... bon restaurant près d'ici.(2)

10 A l'aquarium, on marche dans un tunnel ... la mer.(4)

12 Tu aimes le coca? On va dans un café ou dans un des ... .(4)

14 Beaucoup de touristes visitent La Rochelle en ... (3)

15 Vous aimez nager? Allez à ... piscine.(2)

16 Dans le centre ville il y en a plus de 190.(4)

19 Il y a six ... de poste à La Rochelle.(7)

20 *Les Minimes* est ... plus grand port de plaisance en Europe.(2)

Verticalement

1 Il y a 33 ... à La Rochelle.(7)

2 – ... est la Poste, s'il vous plaît? – Tout près de l'Hôtel de Ville.(2)

3 Il y en a une à La Rochelle. Elle est plus grande qu'une église.(10)

4 Elles sont plus petites que **3**, mais il y en a 16.(7)

5 – Combien de tours y a-t-il à La Rochelle? – ... y en a trois.(2)

6 Voici la gare ... .(4)

11 J'adore ... vieux port. Il est très pittoresque.(2)

13 Je vais à Paris en train, alors, je vais ... ... gare.(1,2)

17 Si on aime les poissons, on ... à l'Aquarium.(2)

18 A La Rochelle, il y a beaucoup ... musées.(2)

Solution à la page 118

Sommaire

Now you can ...
ask for information

Avez-vous	un dépliant sur la ville *une liste des hôtels* *une brochure* *un plan de la ville*	*s'il vous plaît?*	Have you ... a leaflet about the town/a list of hotels/a brochure/a map of the town ... please?

Est-ce qu'il y a une piscine ici?	Is there a swimming pool here?
Qu'est-ce qu'il y a à voir (à faire) à La Rochelle?	What is there to see (to do) in La Rochelle?

ask for directions

Pardon, Monsieur/Madame/Mademoiselle	Excuse me, sir/madam/miss

Pour aller	au parc à la poste à l'église aux magasins en ville	*s'il vous plaît?*	How do you get to ... the park/the post office/ the church/the shops/town ... please?

Est-ce qu'il y a	un café une banque des toilettes	*près d'ici?*	Is there (are there) ... a café/a bank/some toilets ... near here?

C'est loin?	Is it far?

understand and give directions to a French person

C'est	à gauche à droite	It's	on the left on the right
Continuez	tout droit	Go/Continue	straight on

Prenez	la première (1ère) rue la deuxième (2ème) rue la troisième (3ème) rue	à gauche à droite	Take	the 1st road the 2nd road the 3rd road	on the	left right
Tournez			Turn		to the	

understand how far away places are

c'est tout près	very near
c'est loin	a long way
c'est assez loin	quite a long way away
ce n'est pas loin	not far
c'est à 50 mètres	50 metres away

talk about places in a town ...

l'auberge de jeunesse (f)	youth hostel
la banque	bank
la cathédrale	cathedral
le camping	campsite
le collège	secondary school
l'école (f)	school
l'église (f)	church
la gare	station
l'hôpital	hospital
le marché	market
le musée	museum
l'Office de Tourisme/le Syndicat d'Initiative	tourist office
le parc	park
le parking	car park
la piscine	swimming pool
la place	square
la poste (le bureau de poste) (les PTT)	post office
le restaurant	restaurant
la tour	tower

... and say exactly where they are

*C'est **devant** l'église*
　　It's **in front of** the church
*C'est **derrière** l'église*
　　It's **behind** the church
*C'est **entre** le cinéma et le café*
　　It's **between** the cinema and the cafe

use the words for 'at' and 'to' –
à, au, à la, à l', aux
(see page 48)

use the verb *aller*
(see also page 49)

Je vais à la piscine
I'm going to the swimming pool.
Est-ce que tu vas à la gare?
Are you going to the station?

Unité

8

Quelle heure est-il?

In this unit you will learn how to ...

- ask what the time is
- ask when something is happening
- understand and tell the time in French
- talk about the times of some of the things you do each day
- use the verb être –'to be'
- use correctly the words for 'my' and 'your'
- talk about people's jobs

Deux journées typiques
La journée de Loïc

Regarde les photos, et dessine l'heure dans ton cahier.
Exemple: 1

1 A huit heures Loïc va au collège.

2 La récréation est à onze heures.

3 A midi Loïc et ses amis vont à la cantine.

4 Loïc rentre à la maison à cinq heures. Il mange un sandwich et il boit un chocolat chaud.

5 Puis, à six heures il commence ses devoirs. Il a beaucoup de devoirs – il n'est pas content!

6 A sept heures il mange son dîner avec sa mère et son petit frère, Manuel.

7 A huit heures Manuel va au lit, mais Loïc continue à faire ses devoirs.

8 Quand il a fini ses devoirs, Loïc regarde la télé, écoute de la musique ou joue avec l'ordinateur. A neuf heures il va au lit.

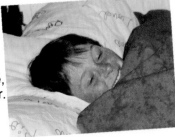

52

La journée de Jabu, Pirane et Ibrahim

Regarde les mots dans le tableau. Choisis l'heure correcte pour compléter la journée de ces jeunes.
Exemple: 1 … à huit heures …

Jabu, Pirane et Ibrahim Drammeh habitent au Sénégal, en Afrique. Ils parlent français. Voici une journée typique:

1 Le matin …… ils vont au collège à Dakar. C'est assez loin.

2 La récréation est …… . Les amies parlent à la cantine.

3 …… ils mangent à la cantine. C'est bon, ça.

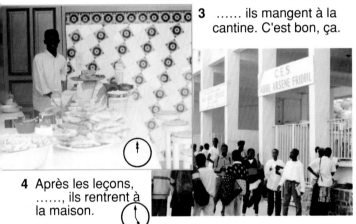

4 Après les leçons, ……, ils rentrent à la maison.

5 Pirane aide sa mère à préparer un repas pour la famille (elle n'aime pas ça), et …… on mange.

6 Après les devoirs, ……, Jabu aime regarder la télé.

7 …… Ibrahim est au lit, mais ses sœurs parlent dans le salon.

à neuf heures	à midi
à sept heures	à huit heures
à cinq heures	à huit heures
à onze heures	

Rendez-vous quand?

1 *Ecoute les conversations au téléphone et écris les heures des rendez-vous comme ça:* **1** 1h15

2 *Regarde les messages. Ils sont pour qui?* **E**
Exemple: 1E (1h15 = une heure et quart)

A Rendez-vous à sept heures moins le quart

B Rendez-vous à deux heures et demie

C Rendez-vous à dix heures et quart

D Rendez-vous à quatre heures moins le quart

E RENDEZ-VOUS À UNE HEURE ET QUART

1 Coralie et Sébastien
2 Mme Martineau et Manuel
3 Mme Charpentier et la réceptionniste du docteur
4 M. Bonnard et Olivier
5 Jean-Pierre et Christophe

Est-ce qu'ils sont à l'heure?

1 Aujourd'hui, c'est samedi. Olivier Clément va arriver à La Rochelle cet après-midi, à deux heures et demie. Son cousin, Sébastien Bonnard, et son père vont chercher Olivier à la gare. Ils habitent dans un village près de La Rochelle.

M Bonnard regarde sa montre. Zut! Il est déjà deux heures moins dix! Il appelle Sébastien et ils montent dans la voiture.

Après un quart d'heure, ils arrivent à La Rochelle, et en cinq minutes ils sont près de la gare mais il y a beaucoup de touristes. Qu'est-ce qu'ils regardent? Ça alors! Impossible d'avancer!
– Ah non! Papa, dit Sébastien, c'est un carnaval!

Après vingt-cinq minutes ils avancent encore, et enfin ils arrivent à la gare.

Est-ce qu'ils sont à l'heure?

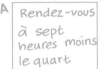

CINEMA CASTILL
Séance à 20h40

2 Coralie va au cinéma ce soir. Elle a rendez-vous devant le cinéma, avec des amis, dix minutes avant le film.

Elle quitte la maison à huit heures cinq – le cinéma n'est pas loin.

En route, elle a une petite conversation avec une amie, puis, soudain, elle regarde sa montre! Il est déjà huit heures et demie.

Elle dit au revoir à son amie et va très vite au cinéma, où elle arrive en cinq minutes.

Est-ce qu'elle est à l'heure?

AQUARIUM de La Rochelle

Heures d'ouverture:

septembre à mai
10h à 12h
et 14h à 19h

juin
9h à 19h

juillet et août
9h à 23h
~~~~

3 *Ces touristes visitent l'aquarium, mais est-ce qu'il est ouvert?*

A *12 juin* Un groupe de jeunes Anglais arrive à onze heures cinq.

B *25 avril* Trois touristes irlandais arrivent le soir, à huit heures.

C *18 août* Des Parisiens en vacances visitent le musée à neuf heures du soir.

D *6 décembre* Des membres du Club des Jeunes visitent l'aquarium à deux heures de l'après-midi.

E *29 septembre* A midi et demi des touristes américains arrivent à l'aquarium.

Quelle journée!

Jean-Luc est en vacances, mais ses parents travaillent.

Alors, aujourd'hui il amuse son petit frère, Patrick, et ses deux sœurs, Delphine et Christelle.

1 A huit heures Jean-Luc va à la boulangerie.

2 .... il va au marché avec Patrick.

3 .... Jean-Luc va à la piscine avec les trois enfants.

4 .... ils mangent un sandwich au café.

5 .... ils jouent dans le parc.

6 .... ils vont au cinéma.

7 .... ils rentrent à la maison.

Non, merci, Florent, moi, je vais au lit. ... Ouf! Quelle journée!

Tu viens jouer au football avec nous, Jean-Luc?

8 .... un ami de Jean-Luc téléphone.

Une description de ta journée

Ecris une petite description de ta journée (six phrases).

		une	heure	
	quitte la maison	deux		cinq
	vais au collège	trois		dix
	arrive au collège	quatre		et quart
Je	commence mes cours	cinq		vingt
	mange (à la cantine)	six		vingt-cinq
	rentre à la maison	sept	heures	et demi(e)
	fais mes devoirs	huit		moins vingt-cinq
J'	écoute de la musique	neuf		moins vingt
	regarde la télé	dix		moins le quart
	mange le dîner	onze		moins dix
	vais au lit	midi		moins cinq
		minuit		

À = à (preceding the time column)

Vrai ou faux?

1 A sept heures vingt Jean-Luc va à la boulangerie.

2 A onze heures dix Delphine est à la piscine.

3 A trois heures et demie Jean-Luc va au cinéma.

4 A sept heures vingt-cinq Jean-Luc est à la maison.

5 A huit heures et quart Jean-Luc va jouer au football avec ses amis.

6 A une heure moins vingt les enfants vont au café.

7 A six heures cinq les enfants vont à la piscine.

8 A neuf heures du matin les deux filles vont en ville.

La journée de Jean-Luc

Complète les descriptions de sa journée avec les mots dans le tableau.

à deux heures moins vingt-cinq
à huit heures moins le quart
à trois heures et demie
à six heures et quart
à onze heures cinq   à huit heures
à dix heures vingt   à midi et demi

Trouvez un rendez-vous

Travaillez à deux.

toi

1 *Ecris six activités pour le samedi, avec les heures.*

Exemple: A 9h30 je vais au marché. A 11h j'écoute la radio. ......

2 *Pose des questions à ton/ta partenaire pour trouver un rendez-vous possible:*

Exemple: – Qu'est-ce que tu fais à dix heures? ... Eh bien, tu es libre à midi? ...

ton/ta partenaire

1 *Ecris six activités pour le samedi, avec les heures.*

Exemple: A 10h je suis au lit. A 11h je regarde la télé. ......

2 *Pose des questions à ton/ta partenaire pour trouver un rendez-vous possible:*

Exemple: – Es-tu libre à deux heures? Oui? Alors, rendez-vous à deux heures.

LA PAGE DES ... JEUX ... JEUX ... JEUX ...

Un multi-quiz

A En France

1 La Rochelle est
a un village
b une région
c une ville

2 Dans une maison française, le lit est souvent dans
a la cuisine
b la chambre
c le salon

3 Les Alpes sont
a près de Paris
b sur la côte Atlantique
c entre la France et L'Italie

D En famille

11 Je suis l'enfant du frère de ton père. Alors, je suis
a ton cousin
b ton oncle
c ton grand-père

12 Tu n'as pas de frères et tu n'as pas de sœurs. Tu es
a extraordinaire
b fantastique
c enfant unique

13 Dans la famille de Nicole Legrand il y a quatre garçons et trois filles. C'est
a une famille nombreuse
b une famille riche
c un arbre généalogique

B Les Animaux

4 Les cochons d'Inde sont
a énormes
b français
c petits

5 Dans le marché aux oiseaux, à Paris, il y a
a des perroquets
b des chevaux
c des ordinateurs

6 En général, les souris
a adorent les chats
b aiment les chats
c détestent les chats

7 Beaucoup de lapins sont
a blancs, rouges ou jaunes
b noirs, blancs ou bruns
c gris, oranges ou bleus

E En ville

14 Le dimanche, beaucoup de personnes sont là. C'est
a l'église
b le bureau de poste
c l'hôtel de ville

15 Un touriste demande des dépliants. Où est-il?
a au marché
b à l'office de tourisme
c au musée

16 La gare est à 2 km. Elle est
a près d'ici
b assez loin d'ici
c très loin d'ici

C Dans la salle de classe

8 Un bic est une sorte de
a stylo
b cartable
c chien

9 Dans ma classe au collège il y a environ 30
a professeurs
b magasins
c élèves

10 Dans le cartable d'un élève, il y a souvent beaucoup de
a cahiers
b magnétophones
c vélos

eponses à la page 123

Résultats du quiz

Compte un point pour chaque réponse correcte

14 à 16 points
Fantastique! Tu es un génie!

11 à 13 points
Très bien!
Tu as une très bonne mémoire!

8 à 10 points
Pas mal, pas mal! Un peu plus de concentration, s'il te plaît!

0 à 7 points
Vite! Au travail!

Au bal masqué
Un jeu de logique

Aujourd'hui c'est le carnaval à La Rochelle. Tous les jeunes sont déguisées.

Coralie et Grégory Charpentier, Sébastien Bonnard, ses cousins, Olivier et Roseline Clément, Christophe, Anne-Marie et Suzanne Lambert et Jean-Pierre sont tous là.

Mais qui est le lapin, qui est le clown, ...?

A toi de les identifier!

... est le perroquet.

... est le lapin.

... est Batman.

... est le fantôme.

... est le clown.

... est Dracula.

... est le dragon.

... sont les deux méchantes sœurs de Cendrillon.

Dossier-langue

The verb *être* (to be) – a very important verb!

Very few people actually go round saying 'I be, he be or we be'! What they do say is:

I	am
(friendly) you	are
he she the rabbit Dracula	is
we	are
(polite) you	are
they	are

Je pense, donc Je suis!

RODIN

Look back at the things people say in **Au bal masqué**. Can you find the French for all these?

The verb *être* is the verb that is used the most in French, so it's really important to learn it.

It's an irregular verb and doesn't follow the standard patterns, but you nearly know it already – after all, you've actually been using it since *Unité 1*!

Here it is in full:

je	suis	I	am
tu	es	you (friendly form)	are
il/on	est	he/'one'	is
le lapin/Batman	est	the rabbit/Batman	is
elle/Cendrillon	est	she/Cinderella	is
nous	sommes	we	are
vous	êtes	you (polite form)	are
ils/elles	sont	they	are
les enfants	sont	the children	are

Des photos du bal masqué

Christophe, Anne-Marie et Suzanne Lambert regardent des photos du bal masqué
*Choisis la forme correcte du verbe **être** pour compléter la conversation.*

1 Christophe

Ça, c'est vous deux. Vous … horribles!

2

C'est moi, à droite. Mais je … formidable! Et à gauche, c'est toi, Suzanne. Tu … superbe!

Anne-Marie

3 Christophe

Regarde, ça c'est Jean-Pierre et moi. Nous … splendides. Moi, je … extra! Jean-Pierre aussi. Il … génial, non?

4

Anne-Marie. Regarde les garçons! Ils … extraordinaires!

Suzanne

Suzanne

5

Mais ça. Qui …-ce?

Anne-Marie

6

C'est Coralie et Roseline. Elles … amusantes, non? Coralie, c'… le perroquet et Roseline, c'… le clown. J'aime beaucoup Coralie. Elle … très gentille.

---

chantez

1 Déjà sept heures moins dix, dix, dix,
Vite, vite, je vais être en retard.
Sept heures et quart je me prépare,
Je quitte la maison, enfin je pars.
Attention, c'est l'heure!

2 Ça y est, huit heures du mat, matin,
On entre en gare, j'arrive en train.
La cloche sonne à huit heures vingt,
Je suis au collège, tout va bien.
Attention, c'est l'heure!

3 Enfin midi, j'ai faim, faim, faim,
On va manger à la cantine.
Il est cinq heures, viens Géraldine,
La fin des cours, vive les copines.
Attention, c'est l'heure!

4 Il est six heures du soir, soir, soir,
Je fais mes devoirs, ouf, ça y est!
Huit heures, on prend tous le dîner,
Et puis, on regarde la télé.
Attention, c'est l'heure!

5 Besoin d'un bon dodo, dodo,
Très fatigué, je vais au lit.
Eh oui, il est dix heures et demie,
Alors à bientôt, bonne nuit.
Attention, c'est l'heure!

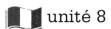

Des messages pour Mme Lacan

Tu es en vacances à La Rochelle chez la famille Lacan. Aujourd'hui, M. et Mme Lacan travaillent. Ils ont un magasin en ville.

Toi, tu restes à la maison pour écrire des cartes postales et des lettres. Les enfants ne sont pas là.

Il y a cinq coups de téléphone ce matin. A toi d'écrire les messages!

*Attention! La forme du verbe **être** que tu écris dans le message n'est pas toujours le même mot que tu entends sur la cassette!*

5
Marie ... ... Elle mange au restaurant ce soir et elle rentre ... ...

1
Vincent ... au match de football.

2
Pascale et ses amis ... à la plage.

3
M. et Mme Lacan. Vous ...... invités chez les Lambert à 8h ce soir.

4
Vincent ... ... Il rentre à ... ...

Une description de toi

*Ecris une petite description
de toi,
de ta famille,
de tes amis,
de tes animaux,
de ton chat ou ton chien,
de ton vélo,
de ...*

Exemple:

Voici mon chat. Il est mignon.

Et voici mon vélo et mon 'skate'. Ils sont superbes.

Je suis Sébastien Bournard. Je suis français. Je suis assez grand. Ma mère est petite mais mon père est grand. Je suis enfant unique. Mes meilleurs amis sont Coralie et Grégory Charpentier – ils sont très gentils. J'aime aussi Christophe Lambert. Il est très amusant. Nous sommes dans la même classe au collège.

Voici des mots pour t'aider:

je	suis	grand/grande/grands/grandes
ma mère ma sœur		petit/petite/petits/petites amusant/amusants/amusante/amusantes
mon père mon frère mon meilleur ami ma meilleure amie	est n'est pas	superbe/superbes fantastique/fantastiques gentil/gentils/gentille/gentilles mignon/mignonne/mignons/mignonnes
nous	sommes	méchant/méchants/méchante/méchantes
mes meilleur(e)s ami(e)s ils elles mes animaux	sont ne sont pas	abominable/abominables stupide/stupides anglais/anglaise(s); écossais/écossaise(s) irlandais/irlandaise(s); gallois/galloise(s)

Dossier-langue

Can you find three different words for 'my' in Sébastien's description?

The words **mon**, **ma** and **mes** all mean 'my'. How do you know which to use? Look at these examples and see if you can work out the rule.

A l'école
- Voilà un cartable brun.
- Ah oui, c'est mon cartable.
- Et le stylo est à toi aussi?
- Oui, c'est mon stylo.

- Regarde! Il y a une calculatrice.
- Ah oui, c'est ma calculatrice.
- Regarde la salle de classe là-bas.
  Ça, c'est ma salle de classe.

- Il y a des cassettes sur la table.
- Ah oui, ce sont mes cassettes.
- Et les livres sont à toi aussi?
- Oui, ce sont mes livres.

If the word is normally used with

le or *un*	*la* or *une*	*les* or *des* or *deux*, *trois* etc.
(masculine singular)	(feminine singular)	(plural)

use

mon	*ma*	*mes*

Note! If the word begins with a vowel (*a, e, i, o, u*), you always use *mon* in the singular (even if it's feminine) and *mes* in the plural.
Mon amie, Suzanne, habite à La Rochelle.
Mon équipe de football préférée est Saint Etienne.

Mon appartement!

Grand-mère Mathilde habite un petit appartement. Un jour ses petits enfants, Toto (2 ans) et Claudine (4 ans), sont à l'appartement. Est-ce qu'ils sont sages?

Que dit grand-mère Mathilde?

Choisis la bonne bulle pour chaque image. Puis, fais trois listes dans ton cahier pour les expressions avec 'mon', 'ma' et 'mes'.

A Mon sac!
B Mes livres!
C Ma robe!
D Mes photos!
E Mon chapeau!
F Ma chaise!
G Mes cassettes!
H Ma lettre!
I Mon lit!
J Mes chaussures!

Mes dessins

Complète les dessins de Marc avec 'mon', 'ma' ou 'mes'.

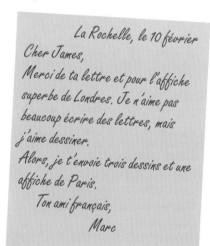

La Rochelle, le 10 février
Cher James,
Merci de ta lettre et pour l'affiche superbe de Londres. Je n'aime pas beaucoup écrire des lettres, mais j'aime dessiner.
Alors, je t'envoie trois dessins et une affiche de Paris.
Ton ami français,
Marc

A toi d'écrire une lettre (illustrée, si tu veux) à Marc ou à sa sœur, Monique.

Voici … famille — … frère, … sœur et moi.

Voici … animaux — … chien, … chat, … oiseau et … souris.

Et voici … chambre, avec … guitare, … livres, … walkman et … cassettes. Et au mur, il y a … affiche de Londres.

Qui es-tu?
Interview avec Michel, chanteur avec le groupe *Citron Pressé*

○ *Quelle est la date de ton anniversaire?*
• Le 24 février.
○ *Est-ce que tes parents sont chanteurs aussi?*
• Non, mon père est infirmier et ma mère est employée de bureau.
○ *Quelle est ta chanson préférée?*
• C'est difficile à dire. Il y a beaucoup de chansons que j'aime. En ce moment je pense que ma chanson favorite, c'est *Soleil, soleil* de Sophie Ledésert.
○ *Et ton groupe préféré?*
• Ça, c'est plus facile, mon groupe préféré, c'est *Citron Pressé*, bien sûr!
○ *Quelles sont tes distractions préférées?*
• Danser, jouer aux cartes, faire du ski et regarder la télévision.
○ *Quelle est ton émission préférée?*
• J'aime beaucoup regarder le sport à la télévision, alors mon émission de télé préférée est *Le sport cette semaine.*
○ *Quelle est ta couleur favorite?*
• Le bleu
○ *Qu'est-ce que tu prends le matin, comme petit-déjeuner?*
• Le matin, je mange des croissants et je bois un chocolat chaud.

Ecoute l'interview avec Michel et complète sa carte d'identité dans ton cahier.

Carte d'Identité
Nom:

Profession des parents:
Père: *Infirmier*
Mère:

Chanson préférée:
Soleil, soleil
Groupe préféré:

Distractions préférées:

Emission(s) de TV préférée(s):

Couleur préférée:

Voici la carte d'identité d'une chanteuse, Jacinte.

Travaillez à deux. Imaginez une interview avec Jacinte.

Carte d'Identité
Nom: *Jacinte*
Profession des parents:
Père: *Conducteur d'autobus*
Mère: *Vendeuse*
Chanson préférée:
La mer
Groupe préféré:
Etoile de nuit
Distractions préférées: *jouer de la guitare, jouer au tennis, écouter de la musique africaine*
Emission(s) de TV préférée(s):
musique du monde
Couleur préférée: *le jaune*

Dossier-langue

Can you find three different words for 'your' in the interview with Michel?

Ton, *ta* and *tes* all mean 'your'. They are used when you are speaking to someone with whom you use the *tu* form. (Can you remember when to use *tu*? If not, look at page 113.)

Ton, *ta* and *tes* work in the same way as *mon*, *ma* and *mes*.

If the word is normally used with

le or *un* or begins with a **vowel**	*la* or *une*	*les* or *des* or *deux*, *trois* etc.
use		
ton	ta	tes

Decide which word you should use in the following examples:
– *Voilà un cahier de français sans nom. C'est … cahier, Jean-Pierre?*
– *Tiens, il y a une gomme sur la table. C'est … gomme, Mireille?*
– *Regarde, il y a des crayons par terre. Ce sont … crayons, Luc?*
– *Coralie, quand est-ce que … amie arrive à la gare?*

Mes affaires ou tes affaires?

Roseline regarde les affaires sur la table.
Si la chose commence avec 'c', elle appartient à son frère, Olivier.
Que dit Roseline?
Exemple: 1 Voici **ton c**artable.
2 Ça, c'est **mon w**alkman.

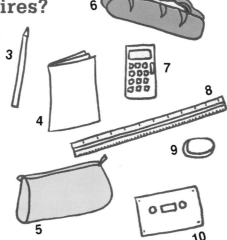

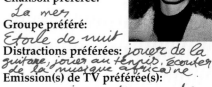Interviews

Travaillez à deux.

Pose ces questions à ton/ta partenaire et note les réponses.

Exemple: *Nicole (ta partenaire) dit:*
– Mon animal préféré est le lapin.

Tu écris:

Nom: Nicole
Animal préféré: le lapin
Saison préférée: ……

1 Quel est ton animal préféré?
2 Quelle est ta saison préférée?
3 Quel est ton jour préféré?
4 Quel est ton livre préféré?
5 Quel est ton film préféré?
6 Quel est ton sport préféré?
7 Quelle est ton émission de télévision préférée?
8 Quelle est ta chanson préférée?
9 Quel est ton chanteur préféré?
10 Quel est ton groupe préféré?

▶ Au travail!

Ecoute la cassette

Pour chaque conversation décide:

  Qui parle?

  Qu'est-ce qu'il/elle fait comme travail?

  Est-ce qu'il/elle aime son travail?

▶ Qui est-ce?

Travaillez à deux.

Tu écris le nom d'une de ces personnes sur une feuille et tu plies la feuille.

Ton/ta partenaire pose des questions pour découvrir ton identité.

Tu réponds seulement avec 'oui' ou 'non'.

Exemple:

– Tu travailles à l'hôtel de ville? – Non.

– Tu travailles de 8h30 à 12h? – Oui.

– Tu travailles le samedi? – Non.

– Alors, tu es Mme Martineau? – Oui!

Les horaires de travail

Réponds aux questions.
Exemple:

  1 C'est Pierre Dhomé.

1 Qui commence le travail à deux heures du matin?

2 Qui travaille de huit heures et demie à midi et d'une heure et demie à cinq heures et demie?

3 Qui commence le travail à neuf heures?

4 Qui travaille jusqu'à huit heures du matin?

5 Qui travaille l'après-midi de deux heures à six heures?

6 Qui travaille de six heures du matin à midi et demi?

Une phrase difficile!

Quand un boulanger rit dans une boulangerie, tous les boulangers rient dans la boulangerie!

Nom:
Marie-Claire Martineau
Profession:
employée de banque
Lieu de travail:
Crédit Mutuel

Heures de travail:
8h30 - 12h, 13h30 - 17h30
Jour(s) de congé:
samedi, dimanche

Nom:
Monique Lefèvre
Profession:
conductrice d'autobus
Lieu de travail:
La Rochelle

Heures de travail:
6h - 12h30
Jour(s) de congé:
dimanche, lundi

Nom:
Virginie Delapierre
Profession:
infirmière
Lieu de travail:
l'hôpital,
La Rochelle
Heures de travail:
20h (du soir) - 8h (du matin)
Jour(s) de congé:
dimanche, mardi, jeudi

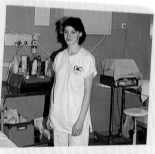

Nom:
Jacques Guesdon
Profession:
employé de bureau
Lieu de travail:
l'hôtel de ville,
La Rochelle
Heures de travail:
8h30 - 12h30, 14h - 18h
Jour(s) de congé:
samedi, dimanche

Nom:
Philippe Gouteux
Profession:
vendeur
Lieu de travail:
Tout pour le sport
(magasin de sports)
Heures de travail:
9h - 12h, 14h - 19h
Jour(s) de congé:
dimanche, mercredi

Nom:
Pierre Dhomé
Profession:
boulanger
Lieu de travail:
la boulangerie Dhomé,
La Rochelle
Heures de travail:
2h - 11h ou 12h
Jour(s) de congé:
dimanche

Puzzle

Horizontalement

1 La secrétaire d'un collège travaille souvent dans un b…
2 Une infirmière travaille souvent ici.
3 Il travaille dans un magasin. Il est …
4 Il travaille dans un bureau. Il est … de bureau.
5 Elle travaille dans une banque. Elle est employée de …
6 Elle travaille en autobus. Elle est … d'autobus.
7 Des vendeurs et des vendeuses travaillent ici.
8 Il travaille dans un collège. Il est …
9 Un boulanger commence son t… à deux heures du matin.
10 Elle travaille souvent à l'hôpital. Elle est …
11 Les professeurs et les élèves travaillent ici.

Verticalement

1 Un boulanger travaille ici.

It is often easy to work out the meaning of a job or profession if you know the verb that is linked to it.

Look at these examples:
vendre – to sell
un vendeur – (male) sales assistant
une vendeuse – (female) sales assistant

conduire – to drive
un conducteur – (male) driver
une conductrice – (female) driver

chanter – to sing
un chanteur – (male) singer
une chanteuse – (female) singer

Can you work out the meaning of the words listed below these verbs?
danser – to dance
un danseur, une danseuse

dessiner – to draw, design
un dessinateur, une dessinatrice

jouer – to play
un joueur de football,
une joueuse de tennis

travailler – to work
un travailleur, une travailleuse

inventer – to invent
un inventeur, une inventrice

If a word ends in *-rice* or *-euse*, does it describe a male or female person?

Here are some other words which are linked to the verbs above. Can you guess what they mean? Check your answers in the *vocabulaire* at the back of this book.

un jouet	*le travail*
une danse	*un dessin*
une chanson	*la vente*

As you learn more French, look out for other words which are similar to verbs that you know.

Offres d'emploi

Si on cherche du travail, on regarde souvent les annonces dans le journal. Voilà un extrait des 'Offres d'emploi'.

Offres d'emploi

Société d'Assurances

recherche

Employé(e) de bureau

pour ses services commerciaux

Envoyer lettre manuscrite,
CV et photo: 45, rue Lafayette

Le Printemps
recherche
pour son atelier
DESSINATEUR
pour la préparation des maquettes
Tél. 77.44.77

A Tout Prix
recherche pour saison d'été
VENDEURS ET VENDEUSES
Horaires de travail
9h30 - 14h30
repos lundi
81.54.83

Centre sports et loisirs

recherche

Secrétaire

avec connaissances d'**anglais** et d'**allemand**, aimant le **tourisme** et les **loisirs**.   Tél: 38.74.22

Urgent, cherche **professeur de maths** pour donner quelques cours à élève studieuse. Tél. 38.67.02

Pour

La Croissanterie

B O U L A N G E R S

se présenter le 5 mai de 10h à 17h
Place de la République

Clinique avec 115 lits recherche:
INFIRMIERE DE NUIT
INFIRMIERE POUR SALLE D'OPERATION
Tél: 85.11.23

Vrai ou faux?

1 Un centre de sports et de loisirs cherche un conducteur d'autobus.
2 Un centre de sports et de loisirs cherche une secrétaire qui parle anglais et allemand et qui aime le tourisme et les loisirs.
3 Il y a une annonce pour un dessinateur.
4 Une clinique recherche une infirmière de nuit.
5 Une société d'assurances recherche un(e) employé(e) de bureau.
6 Il y a une annonce pour un professeur d'anglais.
7 Un grand magasin recherche des vendeurs et des vendeuses pour Noël.
8 Il y a une annonce pour un boulanger.

Une brochure de La Rochelle

Monique Dupré est dessinatrice. Elle prépare une brochure de La Rochelle pour l'office de tourisme.
Est-ce que tu peux l'aider à compléter la brochure?
Ecris cinq phrases pour décrire La Rochelle.
Voilà quelques idées:

Visitez le vieux port avec les trois tours.

C'est une ville pittoresque avec ses rues à arcades.

Il y a des musées.

Il y a des piscines.

Il y a des vélos.

Il y a beaucoup d'hôtels et de cafés.

Pour manger il y a plus de 100 restaurants.

Il y a une auberge de jeunesse et un camping.

Passez vos vacances à La Rochelle cette année!

LA PAGE DES LETTRES

Nous sommes jumeaux (garçon et fille) et nous avons tous les deux treize ans et demi. Le samedi soir, nous sortons avec des amis – nous allons au club de jeunes, nous allons au café et quelquefois, nous allons au cinéma. Daniel rentre à l'heure qu'il préfère, mais avant onze heures du soir. Lucille rentre avant dix heures. Nos parents insistent! Ce n'est pas juste. Qu'en pensez-vous?

Daniel et Lucille, Calais

Sophie (mère de famille) répond:

Ça alors! L'heure où l'on rentre le soir, ça pose toujours des problèmes. Ça dépend de beaucoup de choses – où vous habitez, si vous allez loin, avec qui vous sortez etc.

Mais la surprise pour moi, c'est l'heure à laquelle Daniel rentre. Mon fils, Pierre, a quatorze ans et demi et il rentre à dix heures et demie!

Pendant les vacances, quand nous n'avons pas d'école, mon frère reste au lit jusqu'à onze heures, ou même midi. Il écoute la radio, il écoute de la musique, il regarde un magazine ou un livre, mais il reste tout le temps en pyjama. Je trouve qu'il est paresseux. Qu'en pensez-vous?

Nicole, Strasbourg

Sophie répond:

Pendant les vacances, c'est bien de changer un peu la routine. Alors, je trouve que ce n'est pas très important d'être debout à huit heures ou à neuf heures. Nous sommes tous différents. Il y a des personnes qui sont très actives le matin et d'autres qui préfèrent commencer la journée plus tard.

Mais rester au lit jusqu'à midi, ça peut poser des problèmes pour la famille!

Le calendrier scolaire

Pour les vacances scolaires, la France est divisée en trois zones. Voici les dates pour les vacances. (Les dates exactes changent chaque année.)

Qui va en Grande Bretagne?

Beaucoup de jeunes Français sont invités en Grande-Bretagne pour leurs vacances. Regarde le calendrier pour voir s'ils peuvent accepter ou non.

Nom	Dates proposées	Accepte
Olivier Clément *(Paris)*	08.07 - 22.07	Oui
Annette Lemartin *(Versailles)*	16.02 - 26.02	…
Loïc Martineau *(Rennes)*	06.04 - 17.04	…
Sika Cousteau *(Toulouse)*	10.02 - 24.02	…
Philippe Dubosq *(Poitiers)*	27.03 - 12.04	…
Sabine Marzine *(Grenoble)*	01.11 - 08.11	…
Alain Meyer *(Bordeaux)*	10.08 - 24.08	…

Académies	ZONE 1 Paris, Créteil, Versailles	ZONE 2 Bordeaux, Caen, Clermont-Ferrand, Grenoble, Lille, Montpellier, Nancy-Metz, Nantes, Nice, Rennes	ZONE 3 Aix-Marseille, Amiens, Besançon, Dijon, Limoges, Lyon, Orléans-Tours, Poitiers, Reims, Rouen, Strasbourg, Toulouse
Rentrée	mardi 8 septembre		
Toussaint	du samedi 31 octobre au lundi 9 novembre		
Noël	du samedi 19 décembre au lundi 4 janvier		
Février	du jeudi 4 février au lundi 15 février	du jeudi 11 février au lundi 22 février	du jeudi 18 février au lundi 1 mars
Pâques	du samedi 27 mars au lundi 12 avril	du vendredi 2 avril au lundi 19 avril	
Eté	jeudi 1 juillet		
Rentrée	mardi 7 septembre		

Sommaire

Now you can …
ask what time it is
Quelle heure est-il?

understand and tell the time in French
(See also page 54.)

Il est une heure/deux heures/trois heures …

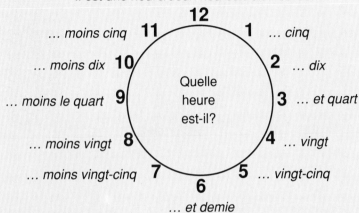

… *moins cinq* 11 12 1 … *cinq*
… *moins dix* 10 2 … *dix*
… *moins le quart* 9 Quelle heure est-il? 3 … *et quart*
… *moins vingt* 8 4 … *vingt*
… *moins vingt-cinq* 7 5 … *vingt-cinq*
6
… *et demie*

| 12:00 | *Il est midi* | *Il est minuit* |
| 12:30 | *Il est midi et demi* | *Il est minuit et demi* |

talk about the times of some things you do each day
Je vais au collège (à l'école) à huit heures et quart
     I go to school at a quarter past eight
A cinq heures, je rentre à la maison
     At five o'clock, I go home
On mange le dîner à sept heures et demie
     We eat (our) evening meal at half past seven
(see also page 54)

use the verb *être* (to be)

je	*suis*	I	am
tu	*es*	you (friendly form)	are
il/on	*est*	he/'one'	is
le lapin/Batman	*est*	the rabbit/Batman	is
elle/Cendrillon	*est*	she/Cinderella	is
nous	*sommes*	we	are
vous	*êtes*	you (polite form)	are
ils/elles	*sont*	they	are
les enfants	*sont*	the children	are

(see also page 56)

use correctly the words for 'my' and 'your'
If the word which follows 'my' etc. is normally used with

le or *un* or begins with a **vowel** (a, e, i, o, u)	*la* or *une*	*les* or *des* or *deux*, *trois* etc.	
use			
mon	**ma**	**mes**	my
ton	**ta**	**tes**	your

(see also pages 58 and 59)

Un poème

Quelle heure est-il?
     Il est midi.

Qui te l'a dit?
     La petite souris

Où donc est-elle?
     A la chapelle.

Que fait-elle?
     De la dentelle.

Pour qui?
     Pour les dames de Paris.

talk about people's jobs

| *Il est* *Elle est* | *boulanger/boulangère* *chanteur/chanteuse* *conducteur/conductrice* *dessinateur/dessinatrice* *employé/employée de banque* *employé/employée de bureau* *infirmier/infirmière* *secrétaire* *vendeur/vendeuse* |

| *Il travaille* *Elle travaille* | *dans une banque* *dans une boulangerie* *dans un bureau* *dans un collège* *dans un magasin* *à l'hôpital* *à l'hôtel de ville* *à l'office de tourisme* |

understand some expressions linked to work
une annonce — advert
un bureau — office
un emploi — job
les horaires de travail — hours of work
un jour de congé — holiday, day off work
le lieu de travail — place of work
une offre d'emploi — job vacancy
le travail — work

Unité

9

Mmm! C'est bon, ça!

In this unit you will learn how to …

- talk about food and drink and mealtimes
- use the words for 'some'
- say what people have to eat or drink (using the verb prendre)
- accept or refuse food and drink politely
- say 'not' with some of the verbs you have learnt (i.e. use the 'negative')
- talk about what food and drink you like and dislike

You will also …

- learn about food and mealtimes in France

Les repas en France

En France on mange bien!

En général, les Français prennent quatre repas: ils prennent le petit déjeuner, le déjeuner, le goûter et le dîner (ou le souper).

Voici une journée typique:

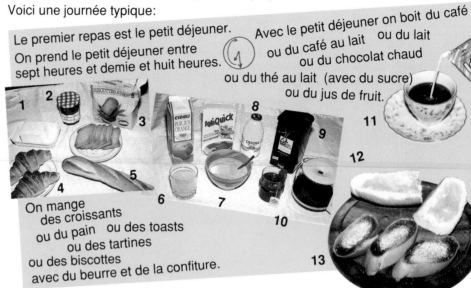

Le premier repas est le petit déjeuner.

On prend le petit déjeuner entre sept heures et demie et huit heures.

Avec le petit déjeuner on boit du café ou du café au lait ou du lait ou du chocolat chaud ou du thé au lait (avec du sucre) ou du jus de fruit.

On mange des croissants ou du pain ou des toasts ou des tartines ou des biscottes avec du beurre et de la confiture.

On prend le déjeuner entre midi et deux heures de l'après-midi.

Pour le déjeuner on va souvent au snack, surtout les personnes qui travaillent en ville.

Par exemple, on mange une pizza ou un sandwich ou du 'fast-food'

Avec le déjeuner on boit une boisson froide, comme de la limonade ou de l'eau minérale ou une boisson chaude, comme du café crème ou du thé.

D'autres personnes préfèrent un repas plus grand à midi. Ils prennent un grand déjeuner, exactement comme le dîner mais sans le potage.

Beaucoup d'enfants prennent un repas chaud ou un sandwich dans la cantine à l'école.

C'est quel repas?

Exemple: 1 *Loïc prend des croissants et du café au lait. C'est le petit déjeuner.*

1 Loïc prend des croissants et du café au lait.
2 Coralie prend du potage, puis elle mange une omelette avec des frites.
3 Christophe et Jean-Pierre sont à la cantine. Ils prennent de la pizza, puis un dessert.

On prend le goûter entre quatre heures et cinq heures et demie de l'après-midi.

En général, ce sont les enfants qui prennent le goûter, après l'école.

On mange
du pain avec du chocolat
ou un pain au chocolat (un gâteau spécial)
ou des tartines
(avec de la confiture, ou du pâté ou du miel).

Avec le goûter on boit
du thé
ou du chocolat chaud
ou de la limonade
ou du sirop avec de l'eau
ou du jus de fruit
ou du coca.

On prend le dîner entre sept et huit heures du soir.

On prend beaucoup de plats. On prend un hors d'œuvre, le plat principal, des légumes, de la salade verte, du fromage et un dessert.

Comme hors d'œuvre on mange une petite salade **25**

ou du pâté **27**

28 ou du melon.

Comme plat principal on mange de la viande **29** ou du poisson

30

ou de l'omelette, **31**

ou du potage

Puis, on mange de la salade verte **34** et du fromage. **33**

Finalement, comme dessert, on mange **35** du yaourt

et aussi des légumes **32**

(des carottes, des petits pois, des pommes de terre ou des frites).

ou des fruits **36** ou du gâteau.

37

38

Avec le dîner on boit
du vin   ou de la limonade
ou de l'orangeade
ou une autre boisson froide.

4 Manuel est à la maison. Il prend un pain au chocolat et il boit du coca.

5 Grégory mange du poisson avec des carottes et des pommes de terre.

6 Mme Martineau mange un sandwich et boit un café.

7 Sébastien mange du melon, de la viande, puis de la salade verte et un yaourt.

8 Les enfants de la famille Lambert prennent des tartines, du chocolat et du coca.

9 Sika prend un sandwich et de la limonade. Elle adore ça!

10 Les enfants au Collège Missy mangent une omelette et de la salade verte.

Quel mot ne va pas avec les autres?

Exemple: 1 jeudi *(les autres sont des repas)*

1 le dîner, le déjeuner, jeudi, le goûter
2 des carottes, des pommes de terre,
   des oranges, des petits pois
3 des croissants, du beurre, du pain, des tartines
4 de la limonade, de l'eau minérale, du thé, du coca
5 de la limonade, du chocolat chaud,
   du café au lait, du thé
6 de la salade verte, du poisson,
   des omelettes, de la viande
7 du potage, du beurre, de la confiture, du lait
8 du melon, des frites, des petits pois, des carottes
9 des fruits, du yaourt, du gâteau, du potage
10 de l'orangeade, du jus de fruit, du lait, du sirop

Le repas favori de Jean-Pierre

Quelles sont les choses que Jean-Pierre mange et boit pour le dîner, son repas favori?

Beaucoup de mots dans le tableau sont en deux parties.

Il mange
1 du …
2 du … avec des …
3 de la s…
4 du f…
5 du y… et des …
Et, comme boisson, il prend
6 de l'…

frites yao orange
   age   from sal
pot   urt   pois   age
son   ade   ade fruits

Solution à la page 124

Dossier-langue

some

First, a reminder – in French, there are four ways of saying 'the':

m	f	before a vowel	plural
(one thing, singular)			(more than one)
le pain	*la* salade	*l'*eau	*les* pommes

and two ways of saying 'a':

m	f	before a vowel
un pain au chocolat	*une* salade	*un* œuf *une* orange

and the plural of 'a' is '**some**':

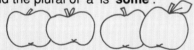

plural
des pommes

Did you remember this part? If not, check through it again before going on.

New! For singular words, there are three more ways of saying '**some**':

m	f	before a vowel	plural
? pain	*?* salade	*?* eau	*des* pommes

To find what these words are, look at *Quel mot ne va pas avec les autres?* above.

Then look back at pages 64 and 65 and see how many more examples you can find.

Now check to see if you got it right.

some

With masculine singular (*le*) words, use

du

*Elle mange **du** fromage, **du** pain, **du** sucre.*

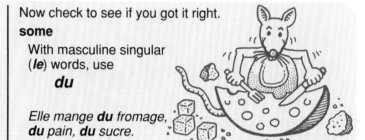

With feminine singular (*la*) words, use

de la

*Il mange **de la** viande.*
*Il boit **de la** limonade.*

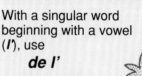

With a singular word beginning with a vowel (*l'*), use

de l'

Jean-Marc boit **de l'**eau minérale et* **de l'**orangeade.*

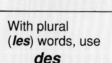

With plural (*les*) words, use

des

*Il mange **des** bananes, **des** oranges et **des** pommes.*

En France on mange bien! Un mini-dictionnaire en images

Regarde encore une fois les pages 64 et 65. Peux-tu identifier toutes les choses à manger et à boire? Fais un mini-dictionnaire en images.

Dans ton cahier écris quatre titres:

1 Le petit déjeuner   **2 Le déjeuner**   **3 Le goûter**   **4 Le dîner/souper**

Sous chaque titre, dessine les choses qu'on prend pour ce repas.
Ecris le numéro et les mots corrects pour chaque dessin.

Exemple: 1 Le petit déjeuner   *Tu dessines:*

 (5) du pain,   ▯ (2) de la confiture *etc.*

Puis, apprends les mots avec un(e) ami(e).

👓 JEU

Tu as 5 secondes!

1 A choisit un repas.

2 B choisit un plat pour ce repas (en 5 secondes!)

3 B choisit un repas.

4 A choisit un plat pour ce repas (en 5 secondes!)

Si tu mets plus de 5 secondes, tu as perdu!

Le plat favori!

Tous ces animaux aiment manger.
Complète les phrases avec le plat favori de chaque animal.

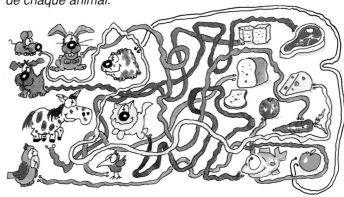

1 La souris mange …
2 L'oiseau mange …
3 Le cheval mange …
4 Le chien mange …
5 Le perroquet mange …
6 Le cochon d'Inde mange …
7 Le chat mange …
8 Le lapin mange …

Mots croisés: des boissons

JEUX · JEUX · JEUX · JEUX

Pour le petit déjeuner …

> *Qu'est-ce que tu prends pour le petit déjeuner en Grande-Bretagne? Est-ce que tu manges le 'breakfast traditionnel' – les œufs au bacon, etc.?*

Dans sa lettre, ton/ta correspondant(e) français(e) a posé une question sur le petit déjeuner. Ecris trois ou quatre phrases pour répondre à sa lettre.

Voici des mots pour t'aider:

je prends		croissants
ma sœur prend		toasts
on prend	du	céréales
mes petits frères prennent		omelette
		œufs au bacon
je bois	de la	sandwichs
on boit		tartines
ma famille boit	de l'	lait
mes sœurs boivent		eau minérale
		jus de fruit
je mange		café au lait
on mange	des	thé
ma famille mange		chocolat chaud
mes parents mangent		

Exemple: Moi, je prends des céréales et je bois du lait …

Le menu déguisé

Pour découvrir le menu de Fabrice pour ce soir, regarde bien la réponse de sa maman. Pour chaque lettre, avance de cinq lettres.

Exemple: A = F; Z = E

> Maman, qu'est-ce qu'on mange ce soir?

> Ce soir, on mange
> YP HZGJI
> PIZ JHZGZOOZ ZO
> YZN AMDOZN
> YZ GV NVGVYZ
> ZO PI BVOZVP

Solution à la page 124

 **Qui prend ça?**

As-tu une bonne mémoire? Regarde C'est quel repas? à la page 65 pendant trois minutes.

Maintenant, combien de ces phrases peux-tu compléter (sans regarder la page 65)?

Si tu veux, joue avec un(e) partenaire.

Qui prend ça?

1 ...... prend un sandwich et de la limonade.
2 ...... prend des croissants et un café au lait.
3 ...... prennent de la pizza à la cantine.
4 ...... prennent des tartines, du chocolat et du coca.
5 ...... prend un sandwich et du café.
6 ...... prend un pain au chocolat pour le goûter.

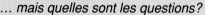

A Christophe et Jean-Pierre	D Loïc
B les enfants de la famille Lambert	E Manuel
C Mme Martineau	F Sika

Voici les réponses ...

... mais quelles sont les questions?

Solution à la page 124

1 Oui, je prends du lait et un peu de sucre, s'il vous plaît.
2 Prenez la deuxième rue à droite.
3 Non, nous prenons un sandwich à midi.
4 Non, je prends un sandwich à la maison, je déteste la cantine!
5 Je prends un yaourt, s'il te plaît.
6 Oui, c'est loin. Prenez l'autobus numéro 6.

A Est-ce que vous prenez un grand repas pour le déjeuner?
B La gare, c'est loin d'ici?
C Tu prends du lait et du sucre dans le thé?
D Qu'est-ce que tu prends comme dessert?
E Pour aller au cinéma, s'il vous plaît?
F Tu prends le déjeuner au collège?

Dossier-langue

prendre

If a French-speaking person asks you what you will have to drink or eat, (s)he will probably say:

Qu'est-ce que tu prends?

This is a rather special use of the verb ***prendre***.

Look it up in a French-English dictionary to find out what its more common meaning is. (Clue: you used parts of it when giving people directions.)

Can you find all the parts of this very useful verb from *Qui prend ça?* and *Voici les réponses ...* (above)?

Try to write down what goes with ...

je ...	nous ...
tu ...	vous ...
il ...	ils ...
elle ...	elles ...
on ...	Christophe et Jean-Pierre ...
Loïc ...	les Lambert ...

Look back to the earlier pages of this unit and see how many parts of ***prendre*** you can find there, too.

Check in the ***Sommaire*** on page 75 to see if you were right.

Then learn the whole verb and see if you know it by practising with a friend.

You can practise using it in the next three activities.

Qu'est-ce que tu prends?

Travaille avec un(e) partenaire.

1 *Choisis un repas, par exemple, le petit déjeuner.*

2 *Sur une feuille, écris quatre choses que tu prends (trois choses à manger et une à boire). Ton/ta partenaire fait une liste de quatre choses aussi.*

Exemple:

toi:
Je prends du lait et un croissant, du beurre et de la confiture.

ton/ta partenaire:
Je prends du pain avec du beurre, des céréales et du thé.

3 *Le jeu.*

Demande à ton/ta partenaire:
– *Tu prends du café? etc.*

S'il/Si elle dit:
– *Oui, je prends du café.*

tu poses une autre question.

S'il/Si elle dit:
– *Non.*

c'est son tour.

La première personne qui découvre les quatre choses qui sont sur la liste de l'autre a gagné.

Premier prix

Premier prix pour le Club 2000, le club des jeunes à La Rochelle.

Six membres du Club 2000 ont gagné le premier prix dans un jeu national, organisé par Radio Jeunesse … Prix – un ordinateur avec 100 jeux pour le club et aussi des prix individuels.

Voici les noms des six gagnants avec leurs prix.

Coralie Sébastien
Stéphanie
Mireille
Christophe Luc

1

2

3

Concours Radio Jeunesse

Concours Radio Jeunesse

Bon

**Entrée
pour
une personne
au
match
de
football**

**France
–
Grande Bretagne**

Paris, le 12 avril

4

5

Bon
Concours Radio Jeunesse

Entrée
*pour 2 personnes
au*
Parc Astérix

Ecoute les interviews avec les six gagnants à Radio Jeunesse:
'Présentation des Prix', ce soir à 20 heures.

Bon
~~~~~~~
*Repas
au
Restaurant Max
pour 4 personnes*
~~~~~~~

6

Des prix fantastiques, n'est-ce pas? Mais, qui prend quel prix?

1 *Devine qui prend chaque prix. En bas il y a des détails pour t'aider un peu.*
   Exemple:
   Stéphanie prend le walkman.

2 *Ecoute la cassette pour découvrir les vraies réponses à cette question.*

3 *Et toi? Imagine que tu es une des personnes qui a gagné.*
   Quel prix prends-tu? Pourquoi?

Sébastien a déjà un Walkman.

Coralie a déjà une platine-laser.

Mireille n'aime pas beaucoup la télé, mais elle adore la musique.

Luc aime beaucoup le sport.

Stéphanie n'a pas de Walkman.

Christophe a déjà une télé dans sa chambre.

Qu'est-ce que vous prenez?

Travaillez en groupes de cinq.

Tu es en visite chez une famille française, avec trois amis, Paul, Anne et Martin.

Tes amis jouent les rôles de Paul, Anne, Martin et la mère.

Demande aux autres:
– Qu'est-ce que tu prends?

Ecris leurs réponses, si tu veux.

Puis, réponds pour tout le monde à la question de la mère:
– Paul prend … *etc.*
– Et moi, je prends …
– Merci beaucoup, madame!

Qu'est-ce que vous prenez, les enfants? Du coca, de la limonade, de l'orangeade, de l'eau minérale, du jus de fruit, du thé au citron, du café au lait ou du chocolat chaud?

Sébastien dîne chez les Charpentier

C'est samedi soir. Sébastien est chez ses amis, la famille Charpentier. A huit heures, on dîne.

> Mme C = Mme Charpentier; M. C = M. Charpentier;
> S = Sébastien; G = Grégory; C = Coralie

1

Mme C: Assieds-toi là, Sébastien, près de Grégory.

S: Oui, Madame.

M. C: Tu veux de l'eau minérale, Sébastien? Ou de la limonade?

S: De la limonade, s'il vous plaît, Monsieur.

M. C: Et toi, Grégory?

G: Moi, je prends de l'eau, s'il te plaît, Papa.

C: Moi aussi, Papa, de l'eau, s'il te plaît. Je n'aime pas beaucoup la limonade.

2

Mme C: C'est du potage aux légumes, ce soir. Sers-toi, Sébastien.

S: Merci, je veux bien.

C: Passe-moi le pain, s'il te plaît, Maman.

G: Le potage aux légumes. Mmm! C'est bon, ça!

M. C: Bon appétit, tout le monde.

3

S: C'est délicieux, Madame Charpentier.

Mme C: Merci, Sébastien. Tu veux encore de la viande?

S: Oui, je veux bien.

Mme C: Tu prends des frites aussi?

S: Oui, s'il vous plaît. J'aime beaucoup les frites.

Mme C: Et toi, Grégory, qu'est-ce que tu veux encore?

G: Je voudrais des frites, s'il te plaît.

Mme C: Coralie, encore de la viande et des frites?

C: Merci, Maman. C'est très bon, mais j'en ai assez mangé.

4

Mme C: Tu prends du fromage, Sébastien, et de la salade?

S: Non merci, Madame, mais je voudrais un fruit, s'il vous plaît.

Mme C: Bien sûr. Il y a des pommes, des oranges et des bananes. Qu'est-ce que tu préfères?

S: Une banane, s'il vous plaît. Merci beaucoup.

INFOS LANGUES

Please and thank you

Please

There are two different ways of saying 'please':

s'il te plaît   to someone you call *tu*, and

s'il vous plaît   to someone you call *vous*.

Look back at page 21 if you have forgotten when you say *tu* and when you say *vous*.

Thank you

Merci can mean 'No thank you' as well as 'Thank you'. A lot depends on how you say it!

To make sure you don't refuse something by mistake, say

   Non, merci.   if you **don't** want something,

and say

   Oui, je veux bien.

or *Je veux bien, merci.*

or *Oui, s'il te/vous plaît.*   if you **do** want something.

Oui, je veux bien

Travaillez à trois:
  A parle
  B parle
  C juge

1 A choisit une de ces personnes:

> M. Charpentier, Mme Charpentier,
> Coralie, Sébastien, Loïc, M. Dhomé

  Exemple: – Je suis Coralie.

2 A offre quelque chose à B
  Exemple: – Tu veux du pain?   *(1D)*

Attention! Choisis une lettre et un numéro qui vont bien ensemble!

	1 du	**A** sandwich
	2 de la	**B** orange
	3 des	**C** limonade
A: – Tu veux (…?)	**4** de l'	**D** pain
	5 un	**E** frites
	6 une	**F** eau minérale

3 B accepte.
  Choisis une réponse correcte:
  A – Merci, j'en ai assez.
  B – Oui, s'il te plaît.
  C – Oui, je veux bien.
  D – Je veux bien, merci.
  E – Non, merci.
  F – Oui, s'il vous plaît.

Maintenant, C regarde la solution à la page 124 et décide les points.
  A gagne un point pour une phrase correcte.
  B gagne un point pour une réponse correcte.

Faites le jeu encore deux fois.

Maintenant, changez de rôle!
Faites le jeu encore trois fois.

Calculez qui a gagné.

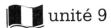

1 Lis la lettre de Nathalie et fais l'activité **Vrai ou faux?**
2 Avec des amis, décide quelle réponse l'éditeur va écrire.
3 Lis la réponse pour voir si c'est comme ta réponse à toi.

LA PAGE DES LETTRES

Ce n'est pas juste!

Moi, je suis végétarienne. Comme je n'aime pas beaucoup le poisson et la viande, pour moi, ce n'est pas difficile. Le problème, c'est ma mère!

Quand je ne vais pas bien, elle dit toujours que c'est parce que je suis végétarienne, et que je ne mange pas correctement.

Mais moi, je mange bien. J'adore les fruits et les légumes, je prends beaucoup d'omelettes, de la salade et du fromage, et je bois du lait. Mon petit frère, Simon, au contraire, n'aime pas beaucoup les fruits, il déteste les légumes, mais il adore le chocolat, les gâteaux, les frites et les pizzas. (En plus, il mange des repas énormes!)

Ma mère est très contente. Il n'est pas végétarien, donc, il mange bien! Ce n'est pas juste!

Nathalie Drouot

Chère Nathalie,

Vraiment, ce n'est pas juste. Manger des fruits et des légumes, c'est excellent. C'est ton petit frère qui ne mange pas bien.

Mais, je suppose que ta mère est tout simplement inquiète pour toi. Et aussi, je suis sûr qu'elle n'aime pas préparer deux repas différents pour ton frère et toi.

Est-ce que tu as un livre de recettes végétariennes? Alors, ce weekend, ne demande pas de repas spéciaux, ne laisse pas tout le travail pour ta mère, mais prépare des plats délicieux pour toute la famille. Ta maman va être très contente (j'espère!)

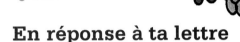

Vrai ou faux?

1 Simon adore les carottes.
2 Nathalie aime les fruits.
3 Simon ne mange pas beaucoup.
4 Nathalie n'aime pas le fromage.
5 Simon aime les frites.
6 Nathalie ést la sœur de Simon.
7 Mme Drouot est végétarienne.
8 Simon aime bien les fruits.

En réponse à ta lettre

La semaine suivante, beaucoup de lecteurs ont écrit à ce magazine. Voici des extraits de leurs lettres.

Choisis une des phrases dans le tableau pour compléter chaque extrait.

1 – Je pense que Nathalie ...... assez de vitamines.
2 – Moi, je ...... végétarien, mais je comprends très bien le problème de Nathalie.
3 – La mère de Nathalie ...... très bien les filles de cet âge.
4 – Nathalie ...... assez de minéraux.
5 – Moi, je ...... la viande, mais j'adore le poisson.
6 – Quand on est invité chez une famille qui ...... végétarienne, c'est impoli de refuser la viande.
7 – Je pense que les poissons ...... intelligents.
8 – Une mère de famille ...... le temps d'être végétarienne!

A	ne prend pas	E	ne mange pas
B	ne suis pas	F	ne comprend pas
C	n'a pas	G	ne prend pas
D	n'est pas	H	ne sont pas

Dossier-langue

The negative ('not', 'isn't', 'doesn't')

Look at these phrases from Nathalie's letter and the editor's reply:

je ne mange pas   *je n'aime pas*
je ne vais pas bien   *ce n'est pas juste*
ne demande pas   *il n'est pas*
ne laisse pas

They all refer to something which is **not** or does **not**. This is called the **negative**.

In English, we use the word 'not', to make a sentence **negative**.

In French **two** short words are used. What are they? Look at the first four phrases, listed above on the left.

The words are **ne** and **pas**.

Now look at the other three phrases on the right. There is a slight change in the words for 'not'. What is it?

This time the first word is not **ne**, but **n'**.

Can you work out why this is?

To say 'not' in French, you need **two** words:

      ne   and   **pas**
or   **n'** (before a vowel) and **pas**

But where do they go?
Look back at the phrases above.

The words between **ne** or **n'** and **pas** are always the same kind of word. What kind?

Here they are again:
mange ... vais ... demande ... laisse ... aime ... est ...

All these words are **verbs**.

ne or **n'** always goes before the verb and **pas** after it (like a sandwich!)

LA PAGE DES ... JEUX ... JEUX ... JEUX ...

1 Le jeu de la carotte

Pour chaque réponse il y a deux dessins qui représentent deux mots possibles.

Regarde les dessins, puis lis la phrase pour trouver la réponse correcte.

Exemple: 1

Les dessins sont du sucre et du beurre.

La phrase est:

Ce n'est pas une chose qu'on mange avec le pain.

Alors, ce n'est pas le beurre!

La réponse correcte est:

s u c r e

r e
|
g e
|
r | e
t t e
s
t | t e
d | e

1 Ce n'est pas une chose qu'on mange avec le pain.
2 On ne mange pas ça comme hors d'œuvre, on le mange après le plat principal.
3 On ne fait pas ça avec des fruits, on le fait avec du lait.
4 Ce n'est pas un légume.
5 On ne mange pas ces choses pour le petit déjeuner, on les mange, quelquefois, après un repas. Mmm! Ils sont délicieux!
6 Ce n'est pas un plat principal, mais on la mange quelquefois avec le plat principal.
7 On ne boit pas ça, on la mange.

2 C'est vrai?

Des personnes qui préfèrent les chiens critiquent les chats.
Arrange les mots correctement pour découvrir ce qu'on dit.
1 ne pas chats les jouent les avec enfants
2 ne pas chats sont les intelligents
3 ne pas chats mangent bien les
4 ne pas chats restent les à maison la
5 n' pas chats les aiment enfants les

Des personnes qui préfèrent les chats critiquent les chiens.
Arrange les mots correctement pour découvrir ce qu'on dit.
1 ne pas chiens sont les indépendants
2 ne pas chiens intelligents les sont
3 ne pas chiens bien mangent les
4 ne pas chiens les respectent jardins les
5 n' pas chiens les aiment animaux les autres

Solutions à la page 125

Je n'aime pas ça!

Ecris cinq phrases sur les choses que ...

... tu ne manges pas,

... tu ne bois pas,

... tu n'aimes pas.

Je ne mange pas	les fruits les légumes le fromage la viande le poisson la salade
Je ne bois pas	le vin le café le thé le lait
Je n'aime pas	le rugby le hockey le shopping danser travailler les devoirs

Flash-infos

Voici deux petits articles d'un journal français. Lis les articles pendant dix minutes, puis fais le jeu à la page 124.

Les jeunes et les repas

Un sondage récent révèle que les jeunes Français ne mangent pas comme leurs parents. Et pourquoi?

C'est à cause du 'fast-food'!

En France, 80% des personnes qui mangent dans les restaurants 'fast-food' n'ont pas encore 30 ans.

Les adultes, en général, préfèrent un bon repas traditionnel, mangé calmement dans un restaurant confortable.

Pour les jeunes, au contraire, les repas traditionnels n'ont pas les mêmes attractions.

Le 'fast-food' ne coûte pas cher, on mange vite, et les jeunes adorent ça – surtout les hamburgers, les frites et le taco mexicain!

Les jeunes n'aiment pas le petit déjeuner ...

... et les diététiciens n'aiment pas ça!

Beaucoup de jeunes ne prennent pas de petit déjeuner.

Ils travaillent au collège toute la matinée et ils ne mangent pas avant midi.

Les diététiciens sont complètement contre!

Voici leur repas idéal – un petit déjeuner avec un quart des calories nécessaires pour la journée. Par exemple:
un fruit (ou jus de fruit)
un œuf
des toasts et du beurre
du yaourt ou du lait.

Combien de jeunes prennent un repas comme ça, le matin? Pas beaucoup, il me semble!

Tu aimes les fruits?

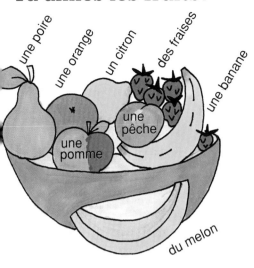

une poire
une orange
un citron
des fraises
une banane
une pêche
une pomme
du melon

1 J'aime les [**safires**].
2 Les [**spetti sopi**], j'adore ça!
3 Le [**nomel**] est délicieux.
4 Mon légume favori, c'est les [**ostricha trevs**].
5 Je n'aime pas beaucoup le [**leucrofuh**].
6 Je voudrais une [**riepo**], s'il vous plaît.
7 Je regrette, mais je n'aime pas beaucoup les [**neasnab**].
8 Moi, j'aime les [**mempos ed retre**].
9 Encore des [**retotacs**], s'il te plaît, Maman.
10 Les [**cêpshe**] sont très bonnes!

Solution à la page 125

Tu aimes les légumes?

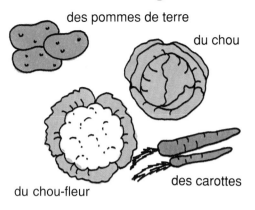

des pommes de terre
du chou
du chou-fleur
des carottes
des petits pois
des haricots verts

Le goûter

Présente ce dialogue avec un(e) partenaire. Tu peux remplacer les mots en couleur par des mots différents.

C'est mercredi après-midi. Les enfants ne sont pas à l'école.
Anne-Marie prend le goûter chez Stéphanie.

– Qu'est-ce que tu prends comme boisson, Anne-Marie, du café, du thé ou une boisson froide?
– **Du thé**, s'il te plaît, Stéphanie. Je n'aime pas beaucoup **le café**.
– Avec du lait et du sucre?
– **Du lait seulement**, merci.
– Il y a des fruits et des gâteaux. Tu aimes les fruits?
– Oui, oui, surtout **les pêches**.
– Moi aussi, j'adore **les pêches**. Alors, prends **une pêche**, et un gâteau aussi!
– D'accord. Je prends … un éclair. Mmm! C'est délicieux!

Encore de la viande?

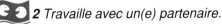 *1 Ecoute la cassette.*

Est-ce que les enfants désirent encore manger ou boire?

Ecoute bien les réponses et écris 'oui' ou 'non'.
Exemple: 1 non

 *2 Travaille avec un(e) partenaire.*

Regarde les images (à droite) et demande à ton/ta partenaire:
– Encore de la viande? *etc.*
Il(elle) répond:

OUI		**NON**
Oui, s'il te plaît.	*ou*	Non, merci.
Oui, je veux bien.		Merci.

3 Oui ou non?

Travaille avec un(e) partenaire. Regarde ces choses (à gauche) à manger et à boire. Ecris trois choses que tu aimes.

Exemple: J'aime les fraises, le gâteau et la limonade.

Demande à ton/ta partenaire:
– Encore du …? *etc.*

Si c'est une chose qu'il/elle aime, il/elle répond:
– Oui, je veux bien.

Sinon, il/elle dit:
– Non, merci.
ou
– Je n'aime pas beaucoup ça.

La première personne qui découvre les choses qui sont sur la liste de son/sa partenaire a gagné.

Chez les Lacan

Regarde les photos de la famille Lacan, puis lis les descriptions des photos à la page 75.

Peux-tu identifier la description correcte pour chaque photo?

Exemple: 1 C

1

2

3

4

5

6

7

8

9

10

11

12

13

Solution: 1C, 2K, 3A, 4D, 5H, 6I, 7B, 8E, 9J, 10M, 11L, 12G, 13F

A Pascale met la table.

B Comme légumes il y a des haricots verts …

C Aujourd'hui c'est dimanche. Il est midi moins le quart. Chez les Lacan on prépare le déjeuner. Tout le monde aide dans la cuisine.

D Aujourd'hui on mange du poulet. Mme Lacan coupe le poulet.

E … et des pommes de terre.

F Et, à la fin du repas, on prend du café.

G Puis il y a un gâteau. Mmm! C'est délicieux.

H Maintenant tout est prêt – on mange. Comme hors d'œuvre il y a du melon.

I Comme plat principal, on mange du poulet.

J Comme boisson il y a du vin rouge, de l'eau et de la limonade.

K Vincent ouvre une bouteille de vin rouge.

L Après la salade, on prend du fromage.

M Maintenant, il y a une grande salade verte.

Sommaire

Now you can …
talk about food and drink and mealtimes

les repas — meals
- le petit déjeuner — breakfast
- le déjeuner — lunch
- le goûter — afternoon snack
- le dîner (or le souper) — dinner (evening meal)
- un hors d'œuvre — starter
- le plat principal — main course
- le dessert — sweet/dessert

les choses à manger — things to eat
- du beurre — butter
- des biscottes (f pl) — rusk-like breakfast biscuits
- des carottes (f pl) — carrots
- des chips (m pl) — crisps
- de la confiture — jam
- des croissants (m pl) — croissants
- des frites (f pl) — chips
- du fromage — cheese
- du miel — honey
- du pain — bread
- des petits pois (m pl) — peas
- de la pizza — pizza
- du poisson — fish
- du potage — soup
- de la salade — salad/lettuce
- du sucre — sugar
- des tartines (f pl) — slices of bread and butter
- de la viande — meat

des boissons chaudes — hot drinks
- du café — coffee
- un café-crème/café au lait — white coffee
- du chocolat — hot chocolate
- du thé (du thé au citron) — tea (lemon tea)

des boissons froides — cold drinks
- de l'eau minérale (f) — mineral water
- du jus de fruit — fruit juice
- du lait — milk
- de la limonade — lemonade
- du sirop — fruit syrup (to dilute)
- du vin — wine

des fruits — fruit
- une banane — banana
- une fraise — strawberry
- un melon — melon
- une orange — orange
- une pêche — peach
- une poire — pear
- une pomme — apple
- du raisin — grapes
- une tomate — tomato

des légumes — vegetables
- un chou — cabbage
- un chou-fleur — cauliflower
- des haricots verts — French beans
- une pomme de terre — potato

use the words for 'some'
du, de la, de l', des
(see page 66)

say what people have to eat or drink etc. (using the verb prendre)
Qu'est-ce que tu prends/vous prenez? — What will you have/What would you like?
Je prends du sucre et du lait dans mon thé. — I take sugar and milk in my tea.
Je prends du coca. — I'll have a coke.

use the verb prendre (to take or to have) in full

je	prends	I take (etc.)
tu	prends	you (friendly form) take
il	prend	he/it takes
elle	prend	she/it takes
on	prend	people take/one takes
Loïc	prend	Loïc takes
nous	prenons	we take
vous	prenez	you (polite/plural form) take
ils	prennent	they take
elles	prennent	they take
les enfants	prennent	the children take

(see also page 68)

accept or refuse food and drink politely
Oui, s'il vous plaît. — Yes please.
Oui, je veux bien. — Yes I would like some.
Non, merci. — No thank you.
C'est (très) bon/délicieux. — It's (very) nice/delicious.
Encore du/de la/de l'/des …? — Some more …?
Merci, j'en ai assez mangé. — No thank you, I've had enough (of it).

say what food and drink you like and dislike
J'aime (beaucoup) le/la/les …
Je regrette, mais je n'aime pas beaucoup ça.

say 'not' with some of the verbs you know (i.e. use the negative)
je ne mange pas la viande. — I don't eat meat.
je n'aime pas le poisson. — I don't like fish.
je ne bois pas de vin. — I don't drink wine.
(see also page 71)

Unité

10

On fait des courses

In this unit you will learn how to ...

- identify some shops and understand and say where particular shops are
- ask for things in a shop and understand what the shopkeeper replies
- say how much of a thing you want to buy
- ask the price of something
- use the verb acheter (to buy)
- use French money
- use the verb avoir (to have)
- use the verb vendre (to sell) and some other common verbs ending in -re
- use higher numbers

La classe de Loïc présente:

Les magasins de notre quartier

La classe de Loïc a préparé ces présentations pour envoyer à la classe de leurs correspondants en Angleterre.

Regarde les présentations, lis les descriptions et fais les activités à la page 77.

1

Voici la BOULANGERIE

Ici on achète du pain. Moi, j'achète une BAGUETTE pour ma mère tous les jours. Aussi on achète des CROISSANTS et des pains au chocolat à la boulangerie.

Le groupe de Jean.

2

PATISSERIE

Ici Papa achète des gâteaux le dimanche. Nous achetons des bonbons mes copains et moi, et quelquefois j'achète une glace.

Le groupe de Loïc.

3

CA, C'EST LA BOUCHERIE

du poulet

Jessica

Moi, j'habite ici – mon père est boucher.

mes amis achètent de la viande ....

du rosbif, du steak.

dans notre boucherie,

Le groupe de Jessica.

76

EPICERIE

CAROTTES

des légumes

POMMES DE TERRE

des chips et du chocolat

CHIPS   CHOCOLAT

Bonjour, Laurence.
Qu'est-ce que tu achètes ici?

Bonjour, Patrick.
Alors, moi, j'achète du fromage, du lait, et de la limonade. Et toi, tu achètes quoi?

Moi, j'achète des fruits, des légumes, des chips et du chocolat.

Limonade

du fromage.

du lait.

Le groupe de Laurence

Vous voulez faire un pique-nique? Venez à la...

Charcuterie
plats cuisinés

pâté

Jambon

quiche

Salade

tomates

Le groupe d'Annette

Voici le bureau de tabac. Au bureau de tabac tout le monde achète des timbres - et du tabac et des allumettes aussi.

TABAC

Les touristes achètent des cartes postales.

Le groupe de SIMON

En ville, beaucoup de personnes achètent les provisions au supermarché. Ici on achète de TOUT!

Le groupe de Philippe

JEU de mémoire

1 Sur une feuille écris les noms des sept petits magasins dans la présentation de Loïc et de ses amis.

2 Regarde bien les dessins et les photos pendant deux minutes.

3 Puis, dessine trois choses qu'on achète dans chaque magasin (sans regarder les pages 76 et 77, bien sûr).

Voici ta liste – où vas-tu?

Tu fais du camping en France et tous les jours tu fais les courses.

Voici tes listes. Où vas-tu le mardi etc.?

Exemple:
Le mardi je vais à l'épicerie, et …

> **jeudi**
> des pommes
> du pain
> de la viande
> des cartes postales

> **mardi**
> du beurre
> du jambon
> une baguette

> **vendredi**
> de la salade
> de tomates
> des biscuits
> des pain au chocolat

> **mercredi**
> des allumettes
> du sucre
> de la limonade

> **samedi**
> des croissants
> deux baguettes
> un poulet
> du coca-cola

> **dimanche**
> un gâteau au chocolat
> du vin
> de l'eau minérale
> des fraises

> **lundi**
> les magasins sont fermés!

Dossier-langue

acheter (to buy)
Somewhere in the class project are all the parts of the verb **acheter** (to buy).
See how many parts you can find.
Then check them with the list on the next page …

Dossier-langue

Here is the verb *acheter* in full.

j'	achète
tu	achètes
il/elle/on/Loïc/Jessica	achète
nous	achetons
vous	achetez
ils/elles/nos amis	achètent

Look at the endings. Are they the same as other *-er* verbs?
(Look back to page 36, if you're not sure.)
Yes, *acheter* has the **same endings** as a regular *-er* verb.

Now look at the verb stem (the part before the endings). Is it the same for all parts of the verb?

No, there is a **grave accent** (`) on the **stem** of every part but two – which two?

The two parts without an accent are the ***nous*** and ***vous*** forms – the only two parts where the ending is sounded. All the other parts sound exactly the same.

Listen to the tape and see if you can spot the words which have an accent.

Au micro

Pour leur étude spéciale **Les magasins de notre quartier** la classe de Loïc a posé des questions à des personnes qui habitent dans leur quartier.

Lis les questions, devine quelle réponse va avec chaque question, puis écoute la cassette pour vérifier les réponses correctes.

Les questions:

1 – Pardon, Madame. Combien de pain achetez-vous par jour?
2 – Excusez-moi, Madame. Est-ce que vous achetez les fruits et les légumes à l'épicerie ou au marché?
3 – Qu'est-ce que tu achètes comme 'snack'?
4 – Madame, est-ce que vos enfants achètent beaucoup de bonbons?
5 – Pardon, Monsieur. Qui achète les provisions pour votre famille – vous ou votre femme?
6 – Pardon, Madame. Est-ce que vous achetez vos provisions dans les petits magasins du quartier ou au supermarché?

Les réponses:

A – Ma femme achète les provisions au supermarché, mais c'est moi qui achète le pain à la boulangerie.
B – J'achète des chips, ou quelquefois du chocolat.
C – Non, non. En général, ils achètent des chips, ou du chocolat.
D – J'achète le pain et les fruits dans le quartier, mais j'achète les autres provisions au supermarché.
E – J'achète deux baguettes par jour et des croissants le dimanche.
F – J'achète les légumes à l'épicerie et les fruits au marché.

Solution à la page 129

INFOS LANGUES

M. Lefèvre est **charcutier**. Il travaille à la **charcuterie**.

Can you work out the word for 'grocer'? (His shop is *l'épicerie*.)

And the shopkeeper at *la pâtisserie* is …?

Mme Lefèvre travaille à la charcuterie aussi. Elle est **charcutière**.

What if the owners of the other shops are female?

However, the owner of *la boucherie* is *le boucher*, and the owner of *la boulangerie* is …?

Sometimes shops have the name of the big company which owns them, e.g *CODEC* or *CO-OP* or *Leclerc*, so people say things like:
– *J'achète mes légumes* **chez** CODEC.

Here are the French names of some (male) shopkeepers etc. – can you work out what the name of their shop or business might be?

le bijoutier   le crémier (or *le laitier*)   *le menuisier*

le papetier   le parfumier   le poissonnier   le quincailler

Make a list of them in your vocabulary book, looking up the meanings of any that you don't know (but try guessing them first!). See if you can find out about any more of these 'matching' shops and shopkeepers.

Plan du quartier

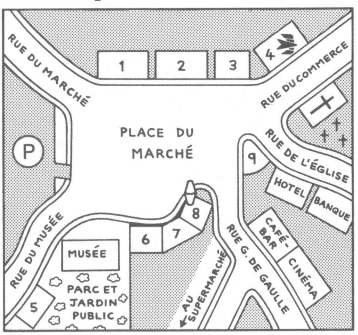

1 la boucherie

2 l'épicerie

3 la charcuterie

4 la poste (PTT)

5 le marchand de glaces

6 la boulangerie

7 la pâtisserie

8 le bureau de tabac

9 le café du marché

Vous pouvez m'aider?

Complète les réponses.
Exemple: 1 – Pardon, Monsieur. Je voudrais des timbres.
  – Il y a un bureau de tabac à côté de la pâtisserie.

1 – Pardon, Monsieur. Je voudrais des timbres.
  – Il y a un .... à côté de la ....

2 – Pardon, Madame. Pour acheter du pain?
  – Il y a une .... à côté du .... , en face de ....

3 – Pardon, Monsieur. Est-ce qu'il y a une banque près d'ici?
  – Oui, il y a une banque .... l'hôtel.

4 – Pardon, Mademoiselle. Pour acheter du jambon, s'il vous plaît?
  – Il y a .... entre .... et ....

5 – Où est l'épicerie, s'il vous plaît?
  – Elle est là, ...

6 – Est-ce qu'il y a un café près d'ici?
  – Oui, bien sûr. Il y a un café ....

Un petit magasin

L'épicerie de M. Jacquot est très petite.
Où est-ce qu'il met toutes les provisions? Voici un plan de l'épicerie.
D'abord, dessine le plan dans ton cahier.
Puis, lis les instructions et dessine les provisions dans les places correctes.

le thé est en face du sucre	le café est à côté du thé
la confiture est à côte du sucre	le beurre est à côté des chips
les chips sont à côté du comptoir	le lait est entre le beurre et le fromage
les boîtes de petits pois sont à côté de la confiture	
les boîtes de pêches sont entre les petits pois et le café	
le fromage est en face des boîtes de pêches	
les légumes sont à côté de la porte et entre la porte et le fromage	

Solution à la page 129

Vrai ou faux?

Regarde le plan. C'est vrai ou faux?

1 L'épicerie est entre la boucherie et la charcuterie.
2 La poste est à côté de la charcuterie.
3 L'église est en face de la poste.
4 Le jardin public est derrière le musée.
5 Le cinéma est à côté de la banque.
6 Le tabac est en face de la boulangerie.
7 Le marchand de glaces est dans le parc.
8 Le parking est en face de l'église.

Où est Dani?

1 entre
Dani est entre Franky et Guy.

2 en face de
Dani est en face de Félice.

3 à côté de
Dani est à côté de son chien.

Dessine un jeu comme ça pour un(e) ami(e) – avec ce plan mais avec des provisions différentes.

79

Combien en voulez-vous?

un paquet de ...

une boîte de ...

une bouteille de ...

un paquet de chips
un paquet de biscuits
un .... de bonbons

une boîte de sardines
une boîte de chocolats
une .... de petits pois

une bouteille de limonade
une bouteille de vin
une .... d'eau minérale

Aujourd'hui j'achète ...

Qu'est-ce que j'achète? A toi de découvrir les bonnes réponses.

1 un kilo de   **2** une portion de   **3** un grand morceau de   **4** un litre de   **5** une livre de (500 grammes de)   **6** 250g de (deux cent cinquante grammes de)   **7** 4 tranches de   **8** un petit morceau de

A pommes   **B** bananes   **C** quiche au fromage   **D** salade de tomates   **E** jambon   **F** pâté   **G** fromage   **H** lait

Dossier-langue

Expressions of quantity

Look at the list of expressions of quantity you have just been using:

un kilo de ...

un demi-kilo de ...

une livre de ...

500g (cinq cents grammes) de

250g (deux cent cinquante grammes) de ...

un litre de ...   *une bouteille de ...*

une boîte de ...   *un paquet de ...*

un grand morceau de ...   *un petit morceau de ...*

une portion de ...   *6 tranches de ...*

All these expressions help you to tell the shopkeeper how much you want to buy and whether you want it in a tin or a bottle etc.

Which short word do they all end with?

This word **de** changes to **d'** before a vowel, e.g.

une bouteille d'eau minérale

but otherwise it doesn't change at all in an expression of quantity, e.g.

une tranche de pâté   *une portion de salade*   etc.

Qu'est-ce qu'ils achètent?

Huit personnes font des courses ce matin, mais qu'est-ce qu'ils achètent?

Ecoute la cassette, mais trouve la quantité seulement.

Exemple: 1 <u>6 tranches de</u> jambon

1 .... jambon

2 .... pêches

3 .... salade de tomates

4 .... carottes

5 .... biscuits

6 .... fromage

7 .... tomates

8 .... eau minérale

Fais des listes

Voici cinq situations. Tu as des courses à faire! Pour commencer, fais des listes.

Achète trois ou quatre choses chaque fois et écris les quantités aussi.

Exemple: 1 Tu prépares un hors d'œuvre pour 3 personnes.

Voici une liste possible:

250 grammes de tomates
500 grammes de carottes
3 tranches de jambon

1 Tu prépares un hors d'œuvre pour 3 personnes.

2 Tu prépares un pique-nique pour 2 personnes.

3 Tu prépares le goûter pour deux enfants.

4 Tu prépares une salade de fruits pour 4 personnes.

5 Tu prépares des sandwichs pour 2 personnes.

Des jeux de calculatrice

1 C'est toi qui paies!

Aujourd'hui tu vas faire un pique-nique avec des amis. Vous achetez des provisions en ville, mais qui paie? Calculez!

S'il y a le numéro 7 dans le total, c'est toi qui achètes cet objet. S'il n'y a pas de 7, ce sont les autres qui l'achètent.

Exemple: $216 + 111 - 245 + 65 + 180 = 327$

Total = 327   Alors, c'est toi qui paies!

C'est moi qui achète …
la baguette

Les autres achètent …

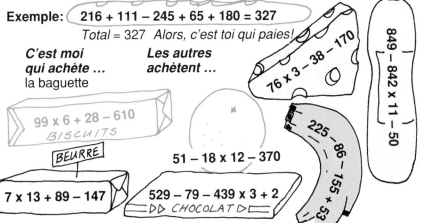

$99 \times 6 + 28 - 610$
BISCUITS

BEURRE

$7 \times 13 + 89 - 147$

$529 - 79 - 439 \times 3 + 2$
CHOCOLAT

$76 \times 3 - 38 - 170$

$849 - 842 \times 11 - 50$

$225 - 86 - 155 + 53$

$51 - 18 \times 12 - 370$

Solution à la page 129

2 C'est curieux, ça!

Ecris un numéro.

Exemple: **15**

+ 20	$15 + 20 =$	**35**
x 3	$35 \times 3 =$	**105**
− 9	$105 - 9 =$	**96**
÷ 3	$96 \div 3 =$	**32**
− le premier		
numéro	$32 - 15 =$	**17**

résultat: 17

Maintenant, choisis des numéros différents.   + 20

x 3

− 9

÷ 3

− le premier numéro

résultat …?

C'est curieux, non?

L'argent français

Voici une pièce de monnaie française.   Voici d'autres pièces:

C'est un franc.

deux francs

cinq francs

dix francs

et cent francs

Il y a cent centimes dans un franc.

Voici des pièces de $\frac{1}{2}$F (cinquante centimes)

dix centimes

et cinq centimes

C'est la pièce la plus petite.

Il y a aussi des billets.

Voici un billet de vingt francs

cinquante francs

cent francs

deux cents francs

et cinq cents francs

Tu as assez d'argent?

Aujourd'hui, tu veux acheter beaucoup de choses – mais as-tu assez d'argent?

Regarde bien les prix, et aussi l'argent dans ta main, et décide chaque fois si tu en as assez.

35F

450F

85F

5F30

On fait des courses

Suivez le guide!
Voici le plan d'une conversation typique:

Bonjour	Monsieur Madame Mademoiselle Dominique	Vous désirez? Tu désires?

| Je voudrais | un kilo
un demi-kilo
500g (cinq cents grammes)
une livre
250g (deux cent cinquante grammes)
un litre
une bouteille
une boîte
un paquet
un grand morceau
un petit morceau
une portion
… tranches | de
d' |

bananes
beurre
biscuits
bonbons
café
carottes
chips
chocolat
eau minérale
fraises
fromage
jambon
lait
limonade
pêches
petits pois
poires
pommes
pommes de terre
quiche
salade de tomates
sucre
thé
vin

s'il vous plaît

Voilà, c'est tout?
Et avec ça?

Avez-vous … ?	du de la de l' des

Oui,	voici … voilà …

C'est combien?

C'est Ça fait	10F (dix francs) 20F (vingt francs) …F

Voilà. Au revoir et merci.

Au revoir	Monsieur Madame Mademoiselle Dominique

On fait des courses

Travaillez à deux. Voici des conversations. Essayez d'abord la conversation très simple (N° 1). Puis, un peu plus difficile (N° 2) etc. Ecoutez la cassette chaque fois.

1
– Bonjour, Madame. Un paquet de chips, s'il vous plaît.
– Voilà. C'est cinq francs.
– Merci, Madame.

Maintenant achète …

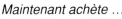

2
– Bonjour, Madame.
– Bonjour, Mademoiselle.
– Je voudrais une boîte de sardines, s'il vous plaît.
– Voilà.
– C'est combien?
– Sept francs. Merci, Mademoiselle. Au revoir.
– Au revoir, Mademoiselle.

Maintenant achète …

3
– Bonjour, Monsieur.
– Bonjour, Annette. Tu désires?
– Je voudrais une livre de pêches, s'il vous plaît.
– Voilà. C'est tout?
– Oui. C'est tout. C'est combien?
– Ça fait onze francs.
– Voilà. Au revoir, Monsieur.
– Au revoir, Annette, et merci.

Maintenant achète (trois choses) …

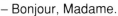

4
– Bonjour, Madame.
– Bonjour, Monsieur. Vous désirez?
– Avez-vous des haricots verts?
– Oui. Voilà.
– Alors, je voudrais un kilo de haricots verts, s'il vous plaît.
– Voilà. C'est tout?
– Oui, c'est combien?
– Douze francs, s'il vous plaît.
– Au revoir, Madame.
– Au revoir, Monsieur, et merci.

Maintenant achète …

une chose à la boulangerie
une chose à l'épicerie
une chose à la boucherie
une chose à la charcuterie
une chose à la pâtisserie
une chose au bureau de tabac
une chose au supermarché

Quel magasin!

D'abord, écoute la cassette – c'est une conversation dans un magasin extraordinaire.

Puis, lis ces phrases. C'est vrai ou faux?

1 M. Léon n'a pas de carottes.
2 Il n'a pas de bananes.
3 Il n'a pas de lait.
4 Il n'a pas de vin.
5 Il n'a pas de biscuits.
6 Il n'a pas de chocolat.
7 La petite fille n'a pas d'argent.
8 M. Léon a un magasin extraordinaire.

Dossier-langue

pas de

To say 'I haven't a …' or 'she/he hasn't any …' etc. in French, you use *n'… **pas de** …*, e.g.
Je *n'ai **pas** de voiture.*
Il *n'a **pas** de fruits.*

Look at some examples of this in the activity above.

If the next word begins with a vowel,
you use *n'… **pas d'**…*, e.g.
Je *n'ai **pas d'**argent.*
Elle *n'a **pas d'**eau minérale.*

To say 'there aren't any…' or 'there isn't any…',
you use *il **n'y a pas de** …* e.g.
Il *n'y a **pas de** provisions.*

Now look back at the conversation outline on page 82. Make up some more conversations, but this time the shopkeeper can say that she/he hasn't got some of the things you ask for.

Le jeu des sept erreurs

Voici M. Dupont au supermarché. Trouve les sept erreurs.
Exemple: Dans le deuxième dessin, il n'a pas de thé.

Le marchand de glaces

1 Lis l'article et écoute l'interview avec le marchand de glaces.

*2 Fais l'activité **Vrai ou faux?***

Le père de Simon est marchand de glaces dans le parc.

Il vend des glaces, des boissons, des bonbons et beaucoup d'autres choses. Pendant les vacances, Simon aide son père.

Ils vendent beaucoup de choses, surtout quand c'est un jour de fête, le 14 juillet, par exemple.

Une interview avec le marchand de glaces

– Est-ce que vous vendez des glaces ici toute l'année?

– Je vends des glaces surtout en été, mais le reste de l'année nous vendons beaucoup d'autres choses, des hot-dogs, par exemple, des gaufres et de la barbe à papa.

– Vous vendez surtout quelles sortes de choses?

– Alors aux enfants, je vends surtout des glaces et des bonbons, mais aux adultes, on vend des hot-dogs et des gaufres avec de la confiture.

– Et toi, Simon, tu vends des hot-dogs et des gaufres aussi?

– Moi, non. Je ne vends pas de plats chauds. Je vends surtout des boissons froides. Mais quelquefois, je vends de la barbe à papa – je déteste ça – à la fin, je suis couvert de sucre!

Dossier-langue

vendre (to sell)

vendre is a **regular verb** – it follows the same pattern as some other verbs whose infinitive ends in **-re**.

The other regular verb pattern that you have learnt is for verbs which end in **-er**. Look back to page 36 if you have forgotten the pattern for these.

Can you find all six parts of **vendre** in the article and interview about the ice-cream seller?

First, look at the plural endings:

nous	vend**ons**
vous	vend**ez**
ils/elles	vend**ent**

Are they the same as or different from an *-er* verb?

Now look at the singular endings:

je	vend**s**
tu	vend**s**
il/elle/on	vend

Compare them with an *-er* verb again.

As you probably discovered, the plural endings are the same – just take off the **-re** and add **-ons**, **-ez** and **-ent** to the **stem**.

But, in the singular of an *-re* verb, the endings are different from *-er* verbs.

You add **-s** to the stem for the first two parts and nothing at all to the third part. It's easy!

Vrai ou faux?

1 Simon est le fils du marchand de glaces.
2 Les enfants achètent des glaces et des bonbons.
3 Simon vend les hot-dogs.
4 Le quatorze juillet est jour de fête en France.
5 Le père de Simon ne vend pas de gaufres.
6 On ne vend pas beaucoup de glaces en été.
7 Simon et son père vendent surtout des boissons chaudes et des plats froids.
8 Quand il fait froid, on ne vend pas beaucoup de glaces.

Questions et réponses

1 Décide quelle question va avec chaque réponse.
Exemple: 1C

2 Ecoute la cassette pour voir si tes réponses sont correctes.

Les questions

1 On vend des sandwichs ici?
2 Vous vendez des timbres, Monsieur?
3 Tu vends des fruits ici?
4 Est-ce que vous vendez des plats chauds?

Les réponses

A Oui, on vend des pommes et des poires.
B Non, le lundi je vends seulement les plats froids.
C On vend les sandwichs au fromage, seulement.
D Non, nous n'en vendons pas. Allez au bureau de tabac.

On vend ... on achète ...

Il y a une vente de charité au club des jeunes à La Rochelle.

Tout le monde vend quelque chose et achète quelque chose.

Qu'est-ce qu'ils vendent?

Qu'est-ce qu'ils achètent?

Exemple: Mireille vend une guitare. Elle achète une calculatrice.

Qu'est-ce qui reste à la fin de la vente?

Combien d'argent est-ce qu'on gagne pour le club des jeunes?

Deux cinémas

Lis l'histoire de Philippe et Suzanne.

Philippe est en vacances. Il veut aller au cinéma avec Suzanne. Il téléphone, et Suzanne répond.

BONJOUR, SUZANNE. TU VEUX ALLER AU CINÉMA CE SOIR?

OUI, IL Y A UN BON FILM AU CINÉMA PRÈS DE LA CATHÉDRALE.

BON, À HUIT HEURES DEVANT LE CINÉMA PRÈS DE LA CATHÉDRALE, ALORS.

Philippe regarde son plan de la ville pour trouver la cathédrale.

Il prend l'autobus. Il descend près de la cathédrale. Voilà le cinéma Dragon, à côté de l'hôtel de ville.

A huit heures et demie, Philippe attend toujours.

BONJOUR, MADAME. SUZANNE EST LÀ?

AH NON. ELLE EST AU CINÉMA. ELLE ATTEND PHILIPPE.

MAIS, C'EST MOI PHILIPPE, MADAME. ET J'ATTENDS TOUJOURS SUZANNE DEVANT LE CINÉMA PRÈS DE LA CATHÉDRALE.

MAIS IL Y A DEUX CINÉMAS PRÈS DE LA CATHÉDRALE. TU ATTENDS AU CINÉMA REX, RUE BLÉRIOT?

AH NON! MOI, J'ATTENDS AU CINÉMA DRAGON, À CÔTÉ DE L'HÔTEL DE VILLE!

Dossier-langue

In the picture story are some parts of other verbs that follow the same pattern as **vendre**:

attendre	to wait (for)
descendre	to get off (bus etc.)/ to go down (stairs etc.)
répondre	to reply

Can you find:
three parts of **attendre** and
one part of **descendre** and
one part of **répondre**?

Mets ces phrases en ordre

1 A huit heures et demie Philippe attend Suzanne devant le cinéma.
2 Suzanne répond.
3 La mère de Suzanne répond au téléphone.
4 Philippe prend l'autobus pour aller en ville.
5 A huit heures, Suzanne attend Philippe.
6 Philippe descend de l'autobus.
7 Philippe téléphone à Suzanne.
8 Philippe téléphone à Suzanne, mais elle n'est pas à la maison.

Philippe parle à Jean-Pierre

*Complète ces phrases avec une partie d'un des verbes **attendre** ou **descendre**.*

– Salut, Jean-Pierre, tu a... l'autobus?
– Oui, le voilà. On monte? Tu d... où?
– Je d... au cinéma.
– Moi aussi. ...*(plus tard)*... Voici le cinéma, nous d... ici.
– Au revoir, Jean-Pierre. J'a... une amie ici.
– Alors, moi aussi – ah non, elle a... là-bas, en face du cinéma. Au revoir, Philippe.
– Au revoir Jean-Pierre.

Qu'est-ce qu'ils ont?

Aujourd'hui la famille Lambert va faire un pique-nique.
Ils ont acheté beaucoup de provisions.

Tout le monde a quelque chose – mais qu'est-ce qu'ils ont? Suis les lignes pour compléter les phrases.

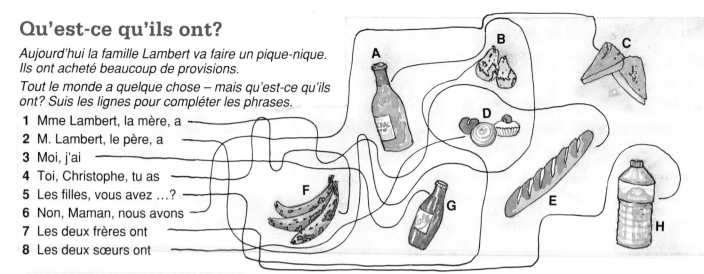

1 Mme Lambert, la mère, a
2 M. Lambert, le père, a
3 Moi, j'ai
4 Toi, Christophe, tu as
5 Les filles, vous avez …?
6 Non, Maman, nous avons
7 Les deux frères ont
8 Les deux sœurs ont

Dossier-langue

Each of the captions in the puzzle above contains part of another frequently used French verb: *avoir* (to have). Find six different parts, if you can.

Like many of the most common verbs in French, *avoir* doesn't quite match the standard pattern, so you will have to learn it. However, you've been using it a lot already.

Here it is in full:

j'	**ai**	I have
tu	**as**	you (friendly) have
il/on/Christophe	**a**	he/it/we/Christophe has
elle/on/Maman	**a**	she/it/'one'/Mum has
nous	**avons**	we have
vous	**avez**	you (polite) have
ils/les frères	**ont**	they/the brothers have
elles/les sœurs	**ont**	they/the sisters have

Tout le monde a ça!

Mais, Papa.
Tout le monde
a ça!

Ça alors, Maman!
Tous mes amis en
ont un comme ça!

Et toi, est-ce que tu dis quelquefois des choses comme ça?

Au club des jeunes à La Rochelle, on a fait un 'Sondage – possessions'.
On a posé des questions aux membres du club sur leurs possessions.

On a posé les questions à 25 garçons et à 27 filles et à 35 familles.

Voici les questions et les résultats du 'Sondage – possessions':

Les questions personnelles
– As-tu une montre/une calculatrice/ un walkman/une radio/un vélo?

Les questions en famille
– Avez-vous une voiture/un ordinateur/un magnétoscope/
une platine-laser/une machine à laver?

Les réponses
– Oui, j'ai/nous avons …   – Non, je n'ai pas de/nous n'avons pas de …

R E S U L T A T S

Questions personnelles		
garçons	filles	
24	27	ont une montre
20	23	ont une calculatrice
17	18	ont un walkman
21	22	ont une radio
19	14	ont un vélo

En Famille
16 familles ont un ordinateur
23 familles ont un magnétoscope
11 familles ont une platine-laser
26 familles ont une machine à laver
25 familles ont une voiture

Fais un 'Sondage – possessions' dans ta classe ou dans ton club des jeunes.

D'abord, écris une liste d'objets, puis pose des questions.

Les résultats sont très intéressants.

Ohé! Les mathématiciens!
A vous de calculer
les pourcentages!

chantez

1 Bonne journée! Bonne journée!
Tout le monde va pique-niquer.
Va chercher le panier!
Pique-nique, pique-nique à la plage.

2 Bonne journée! Bonne journée!
Qu'est-ce que nous allons manger?
Des sandwichs, une grande quiche.
Pique-nique, pique-nique à la plage.

3 Bonne journée! Bonne journée!
Regarde dans le panier.
Oh, chouette, une galette!
Pique-nique, pique-nique à la plage.

4 Bonne journée! Bonne journée!
Il ne faut pas oublier
Les chips, le vin, les petits pains.
Pique-nique, pique-nique à la plage.

5 Quelle journée! Quelle journée!
Tout le monde va pique-niquer.
Allons trouver le soleil!
Pique-nique, pique-nique à la plage.

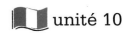

Deux conversations

Ecoute la cassette et complète les conversations avec une partie du verbe avoir [ai/as/a/avons/avez/ont].

1 A l'épicerie

toi: – …-vous des fruits, aujourd'hui?

l'épicier: – Oui, aujourd'hui, nous … des pommes, des poires et des bananes.

toi: – …-vous des fraises?

l'épicier: – Ah, non, je regrette, je n'… pas de fraises.

2 Au café

toi: – Qu'est-ce que vous … comme sandwichs?

le garçon de café: – Comme sandwichs? Bien, j'… des sandwichs au fromage, au jambon et au pâté.

toi: – Et comme boisson, est-ce que vous … du jus de fruit?

le garçon de café: – Oui, nous … du jus d'orange, de pomme ou de poire.

toi: – Très bien. Alors, un sandwich au jambon et un jus de poire, s'il vous plaît.

Ta famille et tes animaux

Ecris trois phrases sur ta famille ou tes animaux.

Ecris trois questions à poser à ton/ta correspondant(e).

J'ai	un	frère(s)
Ma sœur a	une	sœur(s)
Mon frère a	des	chien(s)
Mes parents ont	deux	chat(s)
As-tu …?		voiture(s)

Sommaire

Now you can …

identify different shops

la boucherie	butcher's
la boulangerie	baker's
l'épicerie (f)	grocer's
la pâtisserie	cake shop
la charcuterie	pork butcher's/delicatessen
le bureau de tabac	tobacconist's

use the verb acheter (to buy)

(see page 78)

say where things are

à côté de	beside
entre	between
en face de	opposite

ask for what you want in a shop

Je voudrais …	I'd like …
Avez-vous …?	Have you …?

understand what the shopkeeper says

Vous désirez?	What would you like?
C'est tout?	Is that all?
Et avec ça?	Anything else?
Je regrette, mais je n'ai pas de …	I'm sorry, but I haven't any …
Je suis désolé, mais il n'y a pas de …	I'm very sorry, but there isn't/aren't any …

ask the price of something

C'est combien?	How much is it?

use the verb avoir (to have)

j' ai	nous avons
tu as	vous avez
il/elle/on a	ils/elles ont

(see page 86)

identify more food and things to buy

des allumettes (f)	matches
une baguette	long French loaf
un biscuit	plain biscuit
des bonbons (m)	sweets
une carte postale	postcard
des chips (m)	crisps
une gaufre	a waffle
une glace	ice-cream
un hot-dog	hot dog
le jambon	ham
un oignon	onion
le parfum	flavour (ice-cream)
le porc	pork
le poulet	chicken
le rosbif	beef (for roasting!)
le steak	steak
une sucette	lollipop
un timbre	stamp

say how much of something you want to buy

une boîte de	a box of, a tin of
une bouteille de	a bottle of
un kilo de	one kilo (1000g) of
un demi-kilo de	half a kilo of
500 grammes de	500 grams of (about 1lb)
une livre de	one pound (1lb) of
250 grammes de	250 grams of (about ½lb)
un litre de	one litre of
un morceau de	a piece of
un paquet de	a packet of
une portion de	a portion of
une tranche de	a slice of

use French money

l'argent (m)	money
un billet de 100 francs	a 100 franc note
une centime	$1/100$ of a franc
un franc	one franc
la monnaie	small change
une pièce	coin
un porte-monnaie	purse

use vendre (to sell) and some other verbs ending in -re

	je vends	I sell
	tu vends	you sell
il/elle/on	vend	he/she/one sells
	nous vendons	we sell
	vous vendez	you (polite) sell
	ils/elles vendent	they sell

attendre	to wait (for)
descendre	to go down, to get off
répondre	to reply

use higher numbers

50	cinquante
51	cinquante et un
60	soixante
61	soixante et un
70	soixante-dix
71	soixante et onze
72	soixante-douze
80	quatre-vingts
81	quatre-vingt-un
90	quatre-vingt-dix
91	quatre-vingt-onze
99	quatre-vingt-dix-neuf
100	cent
200	deux cents
250	deux cent cinquante
1000	mille

Unité

11

Qu'est-ce qu'on met?

In this unit you will learn how to ...

- talk about clothes
- use the words for 'his', 'her' and 'its'
- discuss what to wear
- use the verb mettre (to put)
- buy a T-shirt or a sweatshirt
- use the words for 'this' and 'these'
- use more colours
- use the words for 'their'
- describe appearance

Boutique Jeunesse

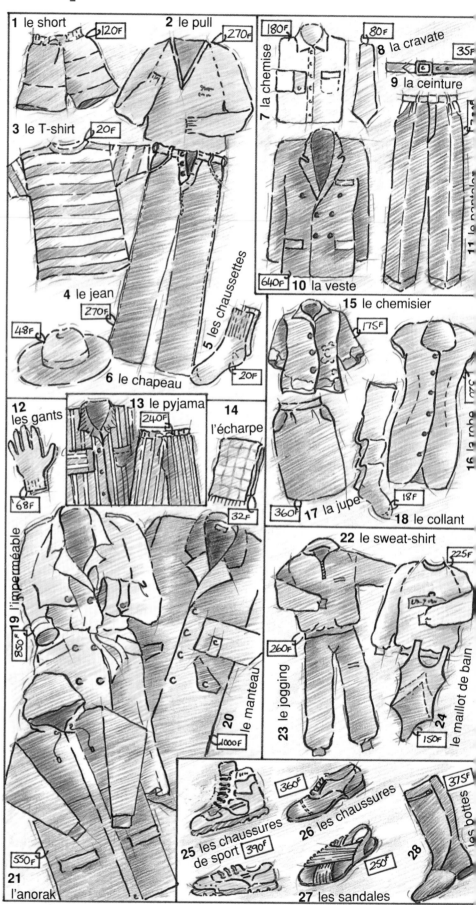

1 le short 120F
2 le pull 270F
7 la chemise 180F
8 la cravate 80F 35F
9 la ceinture
3 le T-shirt 20F
10 la veste 640F
11 le pantalon
4 le jean 270F
5 les chaussettes
6 le chapeau 48F 20F
15 le chemisier 175F
16 la robe
12 les gants 68F
13 le pyjama 240F
14 l'écharpe 32F
17 la jupe 360F
18 le collant 18F
19 l'imperméable 850F
20 le manteau 1000F
22 le sweat-shirt 225F
23 le jogging 260F
24 le maillot de bain 150F
21 l'anorak 550F
25 les chaussures de sport 360F
26 les chaussures 390F
27 les sandales 250F
28 les bottes 315F

88

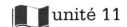

Qu'est-ce que c'est?

Trouve les réponses dans le sac.

un T-shirt,
une cravate
des chaussures   un pantalon
une robe
des chaussettes

1 On met ça surtout en été.
2 Les filles et les femmes mettent ça. C'est chic!
3 Ça ne coûte pas cher à la *Boutique Jeunesse* – 20 francs la paire.
4 C'est un petit vêtement qu'on porte avec une chemise. Dans la *Boutique Jeunesse* c'est de couleur jaune et orange.
5 Ça coûte 300 francs à la *Boutique Jeunesse*.
6 On achète ça en paires – mais ce ne sont pas des chaussettes.

Le jeu du chapeau

*Regarde les images dans la **Boutique Jeunesse**. Numéro 9, qu'est-ce que c'est? Et numéro 15? Ecris les mots dans les cases correctes.*

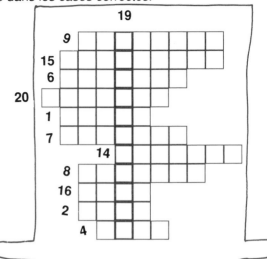

Je n'ai rien à mettre!

1 Ce soir, Anne-Marie va au bal avec Jean-Claude. Elle regarde ses vêtements.

Qu'est-ce que je mets?

5 Qu'est-ce que je mets? Je n'ai rien à mettre.

2 Elle regarde sa jupe et son T-shirt.

Ma jupe bleue avec mon T-shirt rose?.... Non.

3 Elle regarde son pantalon.

Mon pantalon noir?...Non.

4 Elle regarde ses chaussures.

Mes chaussures grises?...Non.

7 Elles regardent les vêtements de Monique

6 Anne-Marie va chez Monique.

Je vais à un bal ce soir et je n'ai rien à mettre.

Regardons mes vêtements.

8 Voici mon nouveau collant fantaisie.

Oh, c'est joli.

9 J'ai des sandales rouges.

Tes sandales sont formidables.

Tu veux mettre une veste aussi? 10 Voici ma veste bleu marine.

Elle est très bien ta veste.

Tu aimes ma robe rouge avec la ceinture noire?

Oui, elle est fantastique. J'adore ta robe.

11 Et toi, tu vas au bal aussi?

Non.

Pourquoi pas?

Je n'ai rien à mettre!

11 Monique donne sa robe, son collant, ses sandales et sa veste à Anne-Marie.

Comment ça se dit en français?

1 What shall I wear?
2 I've got nothing to wear.
3 I love your dress.
4 Do you want to wear a jacket as well?
5 Why not?

Vrai ou faux?

Corrige les phrases qui sont fausses.

1 Monique va au bal.
2 Anne-Marie n'aime pas son pantalon noir.
3 Anne-Marie aime ses chaussures grises.
4 Monique a des vêtements superbes.
5 Anne-Marie aime la robe rouge de Monique.
6 Monique donne sa robe à Anne-Marie.
7 Monique donne un manteau à Anne-Marie.
8 Anne-Marie n'aime pas les sandales rouges de Monique.

On fait du sport?

Lis les descriptions, regarde les images et décide qui est Carine et qui est Pierrick.

Carine met son T-shirt blanc, sa jupe de tennis et ses tennis. Elle porte sa raquette de tennis et ses balles de tennis.

Pierrick met son sweat-shirt, son short et ses baskets. Il porte un casque sur la tête. Il pousse sa bicyclette.

Des machines extraordinaires

Une machine à faire du sport

A toi de mettre les phrases correctes à la machine.
Exemple: 1 Voici ses gants.

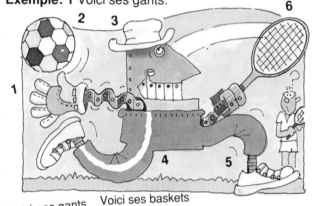

Voici ses gants   Voici ses baskets
            Voici sa raquette de tennis
                            Voici son chapeau de soleil
Voici son jogging   Voici son ballon de football

Une machine à faire les devoirs

Complète les phrases.

Voici son …   Voici ses …   Voici sa …

stylo crayon   livres   gomme   règle
        taille-crayon   cahiers
                                    calculatrice

A toi d'inventer une machine à manger!

Dessine une machine qui a beaucoup de choses à manger et écris des bulles.

Exemple: Voici son gâteau.

Dossier-langue

In French, the same words are used for 'his', 'her' and 'its'.

Can you find some examples of the different words that are used on pages 89 and 90?

The word you need depends on the word which follows 'his', 'her' or 'its'.

If the word is normally used with

le or *un* or begins with a **vowel**	*la* or *une*	*les* or *des* or *deux*, *trois* etc.

use

son	*sa*	*ses*

to say

his, her, its	his, her, its	his, her, its

Which other words that you have learnt follow this pattern?

Practise using *son*, *sa* and *ses* in the following activities.

Quel désordre!

Regarde la chambre d'Elsa. Où sont ses affaires?
Exemple: Ses chaussures sont sous le lit.

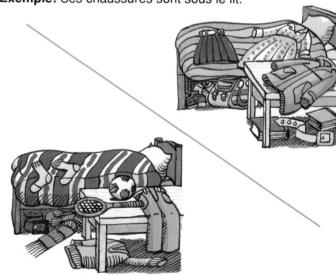

Regarde la chambre de Rémi. Où sont ses affaires?
Exemple: Son jean est sur la table.

Le week-end

C'est le week-end, tout le monde fait quelque chose de différent. Qu'est-ce qu'ils mettent?

A toi de compléter les phrases.
Exemple:
Nathalie et Mathilde vont au cinéma.
Elles mettent un jean et un sweat-shirt

1 Luc et Yannick jouent au football.
  Ils mettent …
2 Mireille et Sika jouent au tennis.
  Elles mettent …
3 Roseline va à la montagne. Elle met …
4 Hasan va à la piscine. Il met …
5 – Samedi, c'est le mariage de ma
  nièce. Alors, je mets …
6 – Et toi, Arnaud, tu mets …

Dossier-langue

Mettre

When **mettre** is used with clothing, it means 'to put on' or 'to wear'.

Here is the verb in full. What is irregular about the singular forms of this *-re* verb? Check you are right by looking at the **Sommaire** (page 97).

je	*mets*	I put on/am putting on
tu	*mets*	you (friendly) put on/are putting on
il/Pierrick	*met*	he/Pierrick puts on/is putting on
elle/ma sœur	*met*	she/my sister puts on/is putting on
on	*met*	people/they/we put on/are putting on
nous	*mettons*	we put on/are putting on
vous	*mettez*	you (polite) put on/are putting on
ils/Emile et Antonin	*mettent*	they/Emile and Antonin put on/are putting on
elles/Alice et Annie	*mettent*	they/Alice and Annie put on/are putting on

Mettre has other uses too, e.g.
   Elle met un disque.   She puts on a record.
It can also mean simply 'to put', e.g.
   Il met l'anorak dans la valise.   He puts the anorak in the case.
… and 'to lay' the table, e.g.
   Je mets la table?   Shall I lay the table?

On fait les valises

Dani va à Saint-Malo pour le week-end. Qu'est-ce qu'il met dans sa valise?

Et maintenant, travaillez à deux.

Dessine une valise et écris (ou dessine) six choses différentes que tu mets dans ta valise.

Puis, ton/ta partenaire doit deviner ce que tu mets dans ta valise, et toi, tu dois deviner ce que ton/ta partenaire met dans sa valise.

Exemple:
– Tu mets un T-shirt dans ta valise?
– Non. Tu mets un jean dans ta valise?

Qu'est-ce qu'on met dans la voiture?

Que dit Madame Lambert? Qui met quoi dans la voiture? Combien de phrases correctes peux-tu faire?

Moi, je	mets	les provisions	
Toi, tu	mets	les raquettes de tennis	
Christophe Jean-Jacques M. Lambert	met	le ballon de football les anoraks les bottes	dans la voiture.
Nous	mettons	l'appareil-photo	
Vous	mettez	la valise	
Les filles	mettent		

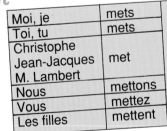

Nous…
Vous, les filles, vous…
Moi, je…
Toi, tu…

On achète un T-shirt

A *Sébastien et Christophe sont dans un grand magasin. Sébastien cherche un cadeau pour son correspondant.*

– Regarde ces sweat-shirts. Ils sont bien, non?
– Oui, mais ils sont trop chers.
– Alors, ces T-shirts sont amusants et ils ne sont pas chers.
– Oui, j'aime ce T-shirt avec la voiture dessus.
– Est-ce qu'il est assez grand?
– Je peux vous aider?
– Oui, je cherche un T-shirt pour un garçon de treize ans.
– Nous avons ce T-shirt en moyen ou en grand. Voilà le moyen.
– Euh … non, c'est trop petit.
– Alors, voilà le grand.
– Vous l'avez en d'autres couleurs?
– Le T-shirt, avec la voiture dessus, voyons … nous l'avons en noir, blanc ou rouge.
– Bon, je prends le rouge.

B *Mireille et Stéphanie regardent les T-shirts aussi.*

– Tu aimes ce T-shirt avec La Rochelle dessus?
– Oui, ce n'est pas mal.
– Oh, c'est 160 francs. C'est trop cher.
– Regarde, voici des T-shirts à 100 francs.
– Ah oui, je vais essayer ce T-shirt jaune.
– Pardon, Mademoiselle. Est-ce que je peux essayer ce T-shirt?
– Mais bien sûr. La cabine d'essayage est par là.

• • • •

– Non, ça ne va pas. C'est trop court.
– Voici le même T-shirt en moyen. Ça c'est plus grand et plus long.
– Ah, merci.

• • • •

– Ça va?
– Oui, c'est bien. Regarde! Je prends ce T-shirt, s'il vous plaît.
– Merci, Mademoiselle. Ça fait 100 francs.

Vrai ou faux?

Corrige les phrases qui sont fausses.

A 1 Sébastien cherche un chapeau pour son correspondant.
2 Christophe regarde les jeans.
3 Les sweat-shirts sont trop chers pour Sébastien.
4 Le T-shirt en moyen est trop grand.
5 Sébastien achète un T-shirt noir.

B 1 Stéphanie et Mireille regardent les T-shirts.
2 Mireille essaie un T-shirt bleu.
3 Le premier T-shirt est trop long.
4 Mireille essaie un T-shirt jaune en moyen.
5 Elle n'achète pas de T-shirt.

Inventez des dialogues

Travaille avec un(e) partenaire.
Exemple:
– Je cherche **un sweat-shirt pour un garçon de huit ans**.
– Voilà des **sweat-shirts pour les garçons de huit ans**.
Nous en avons **en bleu, en rouge, en vert et en jaune**.
– C'est combien, ce **sweat-shirt**?
– C'est **150 francs**.
– Bon. Je le prends, s'il vous plaît.
– Bon, merci.

un sweat-shirt	avec	une voiture un chat Paris Dieppe etc.	dessus
	sans motif		
un T-shirt	pour	un enfant de … ans une fille un garçon	
	en petit en moyen en grand		

en	bleu (marine) brun/marron gris jaune noir rouge vert

Voilà des	sweat-shirts	pour les enfants de … ans avec La Rochelle etc. dessus en petit en moyen en grand	90F 99F 100F 125F 130F
	T-shirts		

Une phrase difficile!

Dis cette phrase à toute vitesse. Ce n'est pas facile!

Les chaussettes de l'archiduchesse sont-elles sèches ou archi-sèches?

Dans un grand magasin

C'est samedi après-midi, beaucoup de personnes sont dans le magasin. Coralie et Pascale regardent les vêtements.

– Ils sont bien, ces anoraks, n'est-ce pas?
– Oui, j'aime bien cet anorak rouge.
– Oui, moi aussi, et le vert aussi est joli.
– Oui … bon … je cherche des chaussettes. Je voudrais acheter des chaussettes pour ma cousine. Elle a neuf ans.
– On vend des chaussettes là-bas.

– Regarde ces chaussettes avec les petits chats. Elles sont chouettes.
– Oui, et ces chaussettes avec des fleurs sont jolies aussi.
Bon, je prends les deux paires. Et toi, tu cherches quelque chose?
– Oui, je voudrais une carte postale pour ma correspondante.
– Bon, alors, les cartes postales, c'est près de l'entrée.

– Regarde ces cartes postales. Elles sont jolies.
– Oui, regarde cette carte postale avec le skieur. Elle est amusante, n'est-ce pas?
– Ah oui, elle est drôle.
– C'est combien, cette carte postale s'il vous plaît?
– C'est 8 francs.
– Et avez-vous des magazines pour les jeunes?
– Oui, il y a un grand choix de magazines là-bas.
– Regarde ce magazine – il est intéressant. Il y a des photos et des articles sur la mode.
– Oui, mais moi, je préfère le sport. Dans ce magazine il y a des articles sur le ski – j'adore ça. Je vais acheter ce magazine.

Qu'est-ce qu'on achète?

Qu'est-ce que Coralie achète? Et Pascale? Ecris les numéros des choses qu'on achète. Attention! On n'achète pas toutes les choses!

1 cet anorak rouge
2 ces chaussettes avec les petits chats
3 ces chaussettes avec les fleurs
4 cette carte postale des montagnes
5 cette carte postale d'un skieur
6 ce magazine sur la mode
7 ce magazine sur le sport

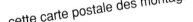

Dossier-langue

Ce, cette, ces

Look at the conversation above and see if you can find different words for 'this' and 'these'.

The one you need depends on the word which follows 'this' or 'these'.

If the word is normally used with

le or un	la or une	les or des or deux, trois etc.
(masculine singular)	(feminine singular)	(plural)

use

ce	cette	ces

Note! If the word which follows is masculine singular and begins with a vowel (*a, e, i, o, u*) or sometimes *h*, use **cet**, e.g.
Je voudrais cet anorak. Il est fantastique.

There is no change with feminine singular words that begin with a vowel or *h*, e.g.
Regarde cette écharpe. Elle est jolie, n'est-ce pas?

Qui achète ces choses?

On a l'argent exact pour l'article qu'on achète.
Exemple: Annie achète ce porte-monnaie turquoise.

1. Annie 5. Coralie
2. Christophe 6. Sébastien
3. Jean-Pierre 7. Mireille
4. Suzanne 8. Loïc

En promotion cette semaine!

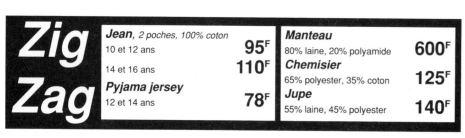

C'est combien?

Regarde les réclames et réponds aux questions.

Exemple: La jupe, c'est 140 F.

1. C'est combien, une jupe chez ZigZag?
2. C'est combien, deux paires de chaussettes pour enfants?
3. C'est combien, un pantalon?
4. C'est combien, un pull pour enfants chez Mammouth?
5. C'est combien, un pyjama chez ZigZag?
6. C'est combien, un manteau?

Tu as 200F

7. Tu achètes deux vêtements pour un enfant de 12 ans. Qu'est-ce que tu achètes? Tu as combien d'argent maintenant?
8. Tu achètes un vêtement pour un(e) adulte. Qu'est-ce que tu achètes? Tu as combien d'argent maintenant?

Un magasin extraordinaire

Thomas va dans la nouvelle boutique d'Alexandre, un jeune homme très moderne. Alexandre vend des vêtements pour les jeunes, mais il n'en a pas beaucoup.

Un ordre extraordinaire!

Mets ces phrases dans le bon ordre.

1. Heureusement, Alexandre a beaucoup de jeans.
2. Alexandre ne porte pas de chemise.
3. Alexandre ne porte pas de sweat-shirt.
4. Alexandre demande à Thomas s'il veut un jean.
5. Thomas entre dans le magasin d'Alexandre.
6. Maintenant, Alexandre ne porte pas de T-shirt.
7. Alexandre demande à Thomas la couleur du jean qu'il cherche.

La palette aux couleurs

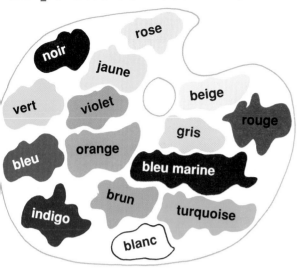

noir
rose
jaune
beige
vert
violet
rouge
gris
bleu
orange
bleu marine
brun
turquoise
indigo
blanc

Clair ou foncé

bleu clair		bleu foncé
vert clair		vert foncé
gris clair		gris foncé
brun clair		brun foncé

C'est de quelle couleur?

C'est de quelle couleur? C'est clair ou foncé?

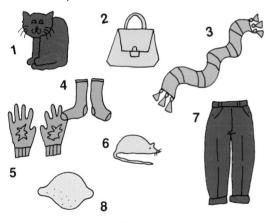

Un jeu sur les couleurs

1 De quelle couleur est le drapeau tricolore?
2 De quelle couleur est le drapeau belge?
3 Avec le rouge et le jaune, on fait quelle couleur?
4 Avec le noir et le blanc, on fait quelle couleur?
5 Avec le rouge et le blanc, on fait quelle couleur?
6 Quelles sont les sept couleurs de l'arc-en-ciel?

Des sacs de sport

Ecoute la cassette. Les sacs sont tous mélangés. Quel est le bon sac pour chaque personne?

Radio-Modes

Imagine que tu travailles pour **Radio Jeunesse**. *Le groupe 'Perruche' fait un concert à la radio.*

1 Travaille avec un(e) partenaire. Décris les membres du groupe pour les écouteurs de ton programme **Radio-Modes**.
Exemple: – Thomas Demaël porte une veste rose et bleue. Il …

Thomas Demaël Nathalie Pollet Lili Mazères
Samy Sachot

2 Maintenant écris une description des quatre membres de 'Perruche'.

Les couleurs

INFOS·LANGUES

You can recognise the words for colours in many other words, in English and French, which have a link with that colour. Can you think of any English words which are similar to the French for a colour (e.g. '*blanc*mange')?

Here are some examples of French words. Why do you think each word is linked to the colour?

rouge		**bleu**	
le rouge	rouge (make-up)	*un bleu*	bruise
un rouge-gorge	robin	*un bleuet*	cornflower
la rougeole	measles	*bleuir*	to go blue
rougir	to blush		
voir rouge	to see red		

jaune		**blanc**	
le jaune d'œuf	yolk	*blanchir*	to go pale
la fièvre jaune	Yellow Fever	*une blanchisserie*	
			laundry

vert	
donner le feu vert	to give the green light, to give permission for something
vert	unripe

On fait des photos

Dani passe ses vacances chez des amis. Un jour, il décide de faire des photos, mais il n'est pas très expert!

Mets la bulle qui convient à chaque image.

1 Il prend une photo de leur maison.
2 Il prend une photo de leur chien.
3 Il prend une photo de leurs enfants.
4 Il prend une photo de leurs chats.
5 Il prend une photo de leur voiture.

Dossier-langue

There are only two words for 'their' in French:
With

all **singular** words	all **plural** words

use

leur	*leurs*

Practise using these words when describing Dani's photos.

Les photos de Dani

Décris les photos pour Dani.

Voici Ça, c'est Voilà	leur leurs	chien chats maison enfants voiture

Photos d'identité

Ecoute les descriptions sur la cassette. Qui parle?

Qui est le voleur?

Samedi, Mlle Maigreton voit un voleur quitter une boutique. Voilà sa description de l'homme.

– Il a environ quarante ans. Il est assez grand, mais pas très grand. Il a les cheveux noirs et frisés et les yeux gris. Il a une petite barbe, mais il n'a pas de moustache. Il porte des lunettes.

Maintenant elle est au commissariat de police pour identifier l'homme.
Voilà cinq hommes, mais qui est le voleur?
Que dit Mlle Maigreton?
Exemple: 1 Ce n'est pas Michel Malheur. Il est trop petit et il n'a pas de barbe.

Michel Malheur   Claude Cruel   Victor Voleur
Pierre Poison   Daniel Désastre

96

Pour décrire quelqu'un

J'ai	les cheveux	longs courts frisés
Il a Elle a Mon père a	les cheveux	noirs gris blonds bruns roux blancs
Ma mère a	les yeux	bleus marron gris verts
Il a Mon père a	une barbe une moustache	
Il n'a pas de	barbe moustache	
Je porte Il porte Elle porte	des lunettes	

A toi de faire les descriptions!

Sommaire

Now you can …
talk about clothes

les vêtements	clothes
un anorak	anorak
des baskets (m.pl)	boots/trainers
des bottes (f.pl)	boots
un chapeau	hat
des chaussures (f.pl)	shoes
des chaussures de sport (f.pl)	trainers
un chemisier	blouse,shirt
un collant	tights, leggings
une écharpe	scarf
des gants (m.pl)	gloves
un imper(méable)	raincoat
un jean	jeans
un maillot de bain	swimming costume
un manteau	coat
un pull	pullover
un pyjama	pyjamas
des sandales (f.pl)	sandals
un short	shorts
un sweat(-shirt)	sweatshirt
des tennis (m.pl)	tennis shoes/trainers
une veste	jacket

use the words for 'his', 'her' and 'its'
Il met *son* pantalon, *sa* ceinture et *ses* chaussettes.
Elle met *son* T-shirt, *sa* jupe et *ses* sandales.
Voilà **son** crayon, **sa** règle et **ses** livres.
(see also page 91)

discuss what to wear (using the verb *mettre*)
Pour jouer au tennis, je mets un short blanc, un T-shirt,
un sweat-shirt et des chaussures de tennis.
Dans ma valise, je mets mes lunettes de soleil, mon
appareil-photo etc.

Notice that the singular forms of ***mettre*** are irregular, as
there is only one *'t'* in the stem. (see also page 91)

buy a T-shirt or a sweatshirt

			avec	une voiture un chat Paris Dieppe	dessus
Je cherche	un sweat(-shirt)		*sans motif*		
	un T-shirt		pour	un enfant de … ans une fille un garçon	
			en petit en moyen en grand		

– *Est-ce que je peux l'essayer?*
– *Oui, la cabine d'essayage est là-bas.*

use the words
J'achète **ce** jean, **cet** anorak, **cette** écharpe
et **ces** gants.
(see page 93)

say something is too expensive, too large, too small, too long, too short
C'est trop cher, trop grand, trop petit, trop long, trop court

use more colours and their shades
clair light *foncé* dark
(see page 95)

use the words for 'their'
Voici **leur** maison et voici **leurs** enfants.
(see also page 96)

describe appearance
(see also page 97 above)
C'est un garçon/une fille.
Il/Elle porte (+ clothing)
Son pantalon/pull/chemisier est (+ colour)
Sa robe/jupe/chemise/cravate est (+ colour)

Unité 12

Amuse-toi bien!

In this unit you will learn how to …

- talk about leisure activities, including sport
- use the verb faire (to do, to make)
- understand the 24 hour clock
- use the words for 'your' (with someone you call vous)
- use the words for 'our'
- talk about different means of transport

Spécial-Loisirs

Notre reporter, Chantal Sabrine, fait une enquête sur les loisirs. Regarde l'article de Chantal.

Les jeunes en France, comment passent-ils leurs loisirs?

1 Beaucoup de jeunes aiment le sport, par exemple, la natation …

2 … et le cyclisme.

3 En été, on fait de la voile et de la planche à voile.

4 Patrick et Mélanie vont à la pêche.

5 Au collège, on fait de l'athlétisme …

6 … et de la gymnastique.

7 Beaucoup de jeunes aiment la musique et jouent d'un instrument de musique. Voici Dominique. Il joue du piano …

8 … et il joue de la flûte.

9 Denise joue du violon …

10 … et de la guitare.

11 A la *maison des jeunes* on fait beaucoup de choses.
Ici on fait du théâtre.

12 Voici Nathalie.
Elle fait du dessin.

13 Jean-Luc fait de la peinture.

14 On joue aux cartes …
et aux échecs.

15 A la maison, on fait des puzzles et des jeux de société comme, par exemple, le Monopoly.

16 Voici Béthanie. Elle a un ordinateur à la maison.
Elle fait de l'informatique.
Elle écrit des lettres et elle fait des jeux vidéo.

17 Et on fait de la lecture. On aime beaucoup les bandes dessinées comme, par exemple, Astérix et Tintin.

Spécial-Loisirs

Chantal parle à ces jeunes.
Ecoute la cassette et lis les descriptions.
Décide quelle est la bonne description pour chaque personne.
Exemple: Benoît 3

1 Il fait de la lecture. Il aime la musique et il joue du piano et de la flûte. En été, il fait de la voile.
2 Elle fait de l'informatique.
3 Il aime le sport et il regarde la télévision. Comme sports, il joue au football et il fait de l'athlétisme et du cyclisme.
4 Elles font de la natation. Une sœur fait du théâtre et l'autre fait de la gymnastique.
5 Il joue au tennis. Il aime la musique et il fait du dessin et de la peinture.
6 Elle n'aime pas le sport. Elle fait des jeux de société et des puzzles et elle joue aux cartes et aux échecs. Le samedi, elle va en disco.

Benoît

Céline

Dominique

Agnès

Malik

Sylvie et Nathalie

On cherche un(e) correspondant(e)

Lis les extraits de ces lettres, puis trouve des correpondants pour les quatre personnes.

Moi, j'adore le sport. Je fais un peu de tout – de la gymnastique, de la natation, de l'athlétisme, du badminton et du tennis. Ça, c'est mon sport préféré. Je cherche un(e) correspondant(e) qui aime le sport.   Anne

Nous avons un ordinateur à la maison et je fais souvent de l'informatique, le soir. J'écris des lettres ou je fais des jeux informatiques. J'aime bien ça. En plus, j'aime la musique et je joue du violon. Je cherche un(e) correspondant(e) qui aime la musique.

Paul

Le week-end il n'y a pas grand-chose à faire dans mon village. Mais j'aime le sport. Je fais de l'équitation et du cyclisme, et je fais des promenades avec mon chien. Quelquefois, je vais à la pêche avec mon frère. J'aime la lecture aussi.   **Sandrine**

Moi, j'habite à la montagne. Alors, je fais du ski en hiver, et en été je fais de la voile et de la planche à voile au lac. Je joue au football et au volley aussi. J'aime la musique, mais je ne joue pas d'instrument. Jean

Correspondants

Nom:	Lebrun
Prénom:	Claire
Aime:	la natation, le tennis, la gymnastique
N'aime pas:	la musique

Nom:	Duboël
Prénom:	Michel
Aime:	le ski, la musique
N'aime pas:	la lecture

Nom:	Michaux
Prénom:	Pierre
Aime:	l'informatique, la musique, le théâtre
N'aime pas:	le sport

Nom:	Guillot
Prénom:	Marc
Aime:	le ski, la voile, la lecture
N'aime pas:	le cinéma

Nom:	Robert
Prénom:	Hélène
Aime:	les promenades, les animaux, l'équitation
N'aime pas:	le dessin, la peinture

Nom:	Khalid
Prénom:	Malik
Aime:	le tennis, l'informatique
N'aime pas:	la natation

On fait du sport

Ecoute la cassette et écris la lettre du pictogramme qui correspond à chaque personne.
Exemple: 1 K

A le golf

B le cyclisme

C le badminton

D le tennis

E la natation

F le ski

G l'athlétisme

H la voile

I l'équitation

J le rugby

K la pêche

L la gymnastique

Puzzle

Exemple:

G Y M N A S T I Q U E

Invente des dialogues

Qu'est-ce que tu as comme loisirs? Invente des dialogues avec un(e) partenaire.

Lisez ces dialogues, puis changez les réponses. Choisissez des phrases dans des boîtes colorées.

– Est-ce que tu aimes le sport?
– **Oui.**
– Qu'est-ce que tu fais, comme sports?
– **Je joue au tennis et je fais de la natation.**
– Est-ce que tu aimes la musique?
– **Oui, j'aime beaucoup ça.**
– Est-ce que tu joues d'un instrument de musique?
– Non. Je ne joue pas d'instrument.
– Est-ce que tu fais autre chose?
– Oui, je fais de l'informatique.

Oui Oui, un peu Oui, j'aime beaucoup ça Oui, j'adore ça!	
Pas beaucoup Non. Non, je n'aime pas ça Non, je déteste ça	

Je joue	du piano du violon de la guitare de la flûte
Je ne joue pas	d'instrument

Je joue	au badminton cricket football golf rugby tennis
Je fais	de l'athlétisme du cyclisme de l'équitation de la gymnastique de la natation de la planche à voile du ski de la voile
Je vais à la pêche	
Je (ne) suis (pas)	sportif sportive,

Je fais	du dessin de la peinture des photos du théâtre de l'informatique	Je joue — aux cartes aux échecs
		Je fais — des puzzles des jeux de société des jeux vidéo

Le jeu des interviews

1 Interviewe ton/ta partenaire.

2 Ecris ses réponses sur une feuille, mais surtout n'écris pas le nom de ton/ta partenaire.

Exemple:

> Il/Elle aime/n'aime pas le sport.
> Il/Elle joue au …
> Il/Elle fait …
> Il/Elle aime/n'aime pas la musique.
> Il/Elle joue du /de la …
> En plus, il/elle …

3 Donne la feuille au professeur. Ton professeur te donne une feuille différente.

4 Lis la feuille. C'est à toi d'identifier la personne qui a donné ces réponses.

5 Interviewe tes camarades de classe pour identifier la personne.

Vacances actives en France

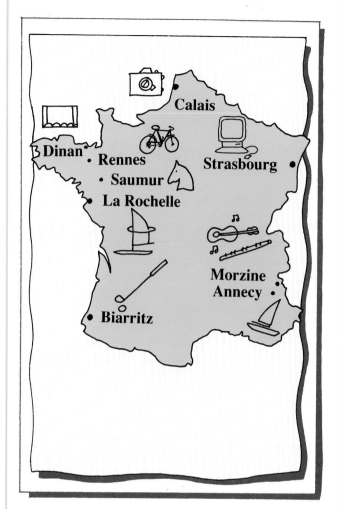

Où sont-ils?

Ces personnes font un stage pendant les vacances. Consulte les détails des Vacances actives et décide où ils sont.

Exemple: 1 Jean-Pierre est à Annecy.

1 Jean-Pierre fait de la voile.
2 Qu'est-ce que tu fais, Anne-Marie? Je fais de la planche à voile.
3 Sébastien fait du cyclisme.
4 Mireille et Stéphanie font de l'informatique.
5 Qu'est-ce que vous faites, Philippe et Yannick? Nous faisons de l'équitation.
6 Suzanne fait des photos.
7 Luc et Robert font du théâtre.

Dossier-langue

The verb *faire* is a very useful verb.

Can you find all the parts of *faire* in the descriptions of people doing a holiday course?

Faire has different meanings. Which can you think of?

Turn to page 102 for the answers.

Dossier-langue

Here are all the parts of the verb *faire*:

je	fais
tu	fais
Jean-Pierre/il	fait
Suzanne/elle	fait
on	fait
nous	faisons
vous	faites
Luc et Robert/ils	font
Mireille et Stéphanie/elles	font

Faire often means 'to do', e.g.

Qu'est-ce qu'on fait?	What shall we do?
Ils font un stage.	They are doing a course.
Nous faisons les courses.	We do the shopping.

or 'to make', e.g.

| *Elle fait un film.* | She's making a film. |
| *Il fait un gâteau.* | He's making a cake. |

It is often used with activities, e.g.

| *Il fait de la peinture.* | He paints. |
| *Elle fait de la lecture.* | She is reading. |

Sometimes, in English, we use 'go' with the activity we are doing, but the French use **faire**, e.g.

| *Vous faites de l'équitation?* | Do you go horseriding? |
| *On fait une promenade?* | Let's go for a walk. |

Faire is often used when talking about the weather, e.g.

| *Quel temps fait-il?* | What's the weather like? |
| *Il fait froid aujourd'hui.* | It's cold today. |

On fait de la voile

Complète la conversation avec la forme correcte du verbe **faire**.

– Bonjour Thomas. Qu'est-ce que tu …… aujourd'hui?
– Bonjour Hasan. Je …… des courses pour maman.
– Moi aussi. Mais il …… beau. Mes amis …… de la voile aujourd'hui.
– Faire de la voile! Chic! Ma sœur aime ça. Mais aujourd'hui elle …… ses devoirs.
– Il n'y a pas assez de place pour trois.
– Alors, on …… de la voile, nous deux?
– D'accord, et nous ne …… pas les courses.

La sœur de Thomas arrive.
– Salut Hasan. Salut Thomas. Qu'est-ce que vous ……?
– Nous allons au lac. Nous …… de la voile.
– Bon, j'arrive. J'aime ça.
– Mais, tu …… tes devoirs, non?
– Et vous, vous …… les courses, non?

Qu'est-ce qu'on fait?

Complète les bulles.
Exemple: 1 Elle fait du ski.

1 … du ski.

2 de la peinture?

… de la peinture?

3 … de l'équitation.

4

… de la planche à voile.

5 …une promenade?

6 … du cyclisme.

7 …de la gymnastique!

8 … un stage pour les agents de voyage

ils font	il fait
vous faites	elles font
je fais	elle fait
tu fais	nous faisons

A toi!

A toi de faire un dessin humoristique!

102

Vacances à La Rochelle

Voilà quelques idées pour les vacances à La Rochelle.

Vous n'aimez pas faire du sport? Alors, visitez un musée.

MUSÉE MARITIME
(à bord du bateau FRANCE 1)
Bassin des Chalutiers
Ouvert tous les jours
10h00 - 18h30

Si vous aimez faire de la natation, allez à la piscine. C'est ouvert tous les jours.

Vous aimez jouer au tennis, mais vous ne jouez pas bien? Alors, faites un stage de tennis. Voilà les détails:

Tennis Club Rochelais
Stages de Tennis
Calendrier
Février, Pâques, Juillet, Août, Toussaint, Noël
Horaires
9h00 - 11h30
14h30 - 16h30

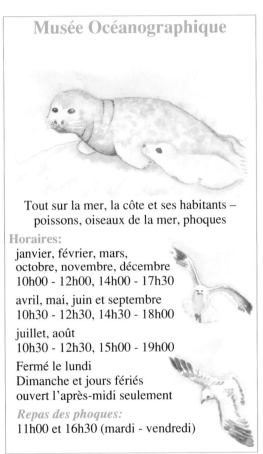

Musée Océanographique

Tout sur la mer, la côte et ses habitants – poissons, oiseaux de la mer, phoques

Horaires:
janvier, février, mars, octobre, novembre, décembre
10h00 - 12h00, 14h00 - 17h30

avril, mai, juin et septembre
10h30 - 12h30, 14h30 - 18h00

juillet, août
10h30 - 12h30, 15h00 - 19h00

Fermé le lundi
Dimanche et jours fériés ouvert l'après-midi seulement

Repas des phoques:
11h00 et 16h30 (mardi - vendredi)

Si vous aimez écouter de la musique, il y a des concerts tous les jours pendant le festival de musique **Les Francofolies**.
Exemple:

MERCREDI
18h00 **Grand Théâtre:** *Concert de piano*
21h00 **Parking Saint-Jean d'Acre:** *Concert de musique rock*

Et, le 13 juillet, il y a un grand bal public.

On s'amuse à La Rochelle

C'est un mercredi au mois de juillet. Pascale est à la maison, mais où sont tous ses amis?
Exemple: 1 Suzanne est au stage de tennis.

1 Il est quatorze heures et demie. Suzanne fait du sport, mais elle n'est pas à la piscine.
2 Il est quinze heures. Sébastien fait de la natation.
3 Il est seize heures. Mireille est à bord d'un bateau.
4 Il est dix-sept heures. Jean-Pierre regarde les poissons.
5 Il est dix-huit heures et demie. Stéphanie écoute de la musique.
6 Il est vingt-deux heures. Sika écoute de la musique rock.

C'est ouvert quand?

Réponds aux questions de tes amis en consultant les détails.
Exemple: 1 A quatorze heures.

1 Pendant les vacances scolaires, la piscine ouvre à quelle heure le lundi?
2 La piscine ferme à quelle heure le mercredi?
3 Est-ce que la piscine est ouverte pendant l'heure du déjeuner (13h - 14h) le vendredi?
4 Le stage de tennis commence à quelle heure l'après-midi et finit à quelle heure?
5 Ça commence à quelle heure, le concert au grand théâtre?
6 Le bal du treize juillet, ça commence à quelle heure?

On va à l'île de Ré

Roseline et Olivier passent une semaine de vacances chez leur cousin, Sébastien Bonnard. Un jour ils décident d'aller à l'île de Ré. Madame Bonnard parle aux enfants.

Lis la conversation, puis mets les images dans l'ordre du texte.

Mme B: Mettez votre jean et votre sweat-shirt ou votre pull. Et, très important, vos chaussures confortables.

Olivier: Bon d'accord.

Mme B: Et n'oubliez pas votre anorak, en cas de pluie.

Roseline: Oui, bonne idée.

Sebastien: Je prends mon appareil-photo?

Mme B: Mais oui, bien sûr. Et n'oubliez pas vos lunettes de soleil. Il va faire beau, j'espère!

Olivier: Est-ce que nous allons prendre un pique-nique?

Mme B: Oui, qu'est-ce que vous aimez comme sandwichs – du jambon ou du fromage?

Olivier: Pour moi, du jambon, s'il te plaît.

Roseline: Et moi, je préfère le fromage.

Mme B: Et toi, Sébastien?

Sebastien: Du jambon aussi, s'il te plaît.

Mme B: Très bien, et comme boisson, on va prendre une grosse bouteille de limonade.

Mme B: Voilà. Tout le monde est prêt? Vous avez tous votre anorak, votre appareil-photo et vos lunettes de soleil?

Roseline et Olivier: Oui.

Mme B: Alors, on y va!

A vos

B votre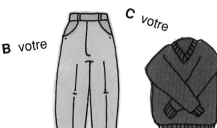

C votre

D votre

E votre

F vos

G votre

Dossier-langue

You have already learnt how to say 'your' with someone you call **tu**. Can you remember which words you use? If not, look at page 59.

Now, see if you can find two different words for 'your' in **On va à l'île de Ré**. Why is the **vous** form used here?

(Solution: the **vous** form is used because Mme Bonnard is speaking to more than one person.)

When using **vous**, and when the word that follows is

singular	plural
votre	**vos**

use

N'oubliez pas!

Imagine que tu es professeur. Tu organises une excursion à l'Aquarium pour ta classe. Ecris six choses que tes élèves ne doivent pas oublier.

N'oubliez pas	votre	anorak appareil-photo cartable maillot de bain pull pique-nique
	vos	chaussures solides lunettes de soleil gants

Une excursion à l'Aquarium

Notre classe fait une excursion à l'Aquarium aujourd'hui. Notre professeur de biologie et notre professeur de français y vont aussi. Nous avons tous notre anorak, notre cartable (avec notre cahier et nos crayons pour prendre des notes et faire des dessins) et notre pique-nique. Voilà notre car. Allez, en route!

Quelle bulle?

Quelle est la bonne bulle pour chaque image?
Exemple: 1 C

1

2

3

4

5

6

A notre car

B notre pique-nique

C notre anorak

D notre cartable

E nos crayons

F notre cahier

Dossier-langue

Can you find two different words for 'our' in **Une excursion à l'Aquarium**?

Notre and **nos** both mean 'our'. They work in the same way as **votre** and **vos**. When the word that follows is

singular	plural
notre	**nos**

use

Au pique-nique

Tu es avec ta famille et ton chien au parc. Vous trouvez un bon endroit pour un pique-nique, puis vous jouez au ballon.

C'est l'heure du déjeuner, mais …! Que dis-tu?

Exemple:
Où est notre pain?
Et où est … chien?

Où	est	notre	fromage pain jambon saucisson	?
	sont	nos	pommes chips biscuits	

Au bureau des objets trouvés

Travaillez à deux. Une personne regarde cette page. L'autre personne regarde la page 133.

Personne A
Ta famille a perdu beaucoup de choses.

Tu demandes à la personne au bureau des objets trouvés s'ils ont ces choses.

Exemple:
– **Avez-vous notre appareil-photo?**
– Voilà votre appareil-photo.
– **Avez-vous notre chien?**
– Non, nous n'avons pas votre chien.

Les transports

A en autobus

B en avion

C en bateau

D en moto

E en métro

F en taxi

G en train

H en RER

I en vélo

J en vélomoteur

K en voiture

L à pied

M en car

Puzzle

Ils voyagent comment?

Ecoute la cassette.

Comment voyagent les personnes?

Ecris la lettre du moyen de transport qui convient.
Exemple: 1 B

On fait une excursion

Ces personnes font une excursion aujourd'hui.
Où vont-ils?

1 Des touristes voyagent en bateau …

2 La famille Duval va en voiture …

3 Roseline et Olivier vont en métro …

4 La classe de Jean-Pierre va en train …

5 Les Lambert prennent l'avion …

6 M. Jean Christophe prend l'autobus …

7 Le club 2000 va en vélo …

8 La famille anglaise prend le RER …

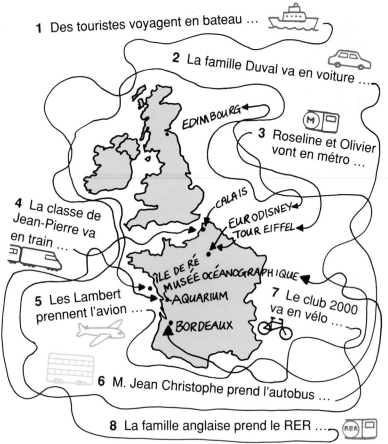

Bon voyage!

Michael et Anne Jones décident de voyager de leur ville, Ipswich, dans le Suffolk en Angleterre, à La Rochelle en France. Ils décident de prendre des moyens de transport différents.

Complète la description de leur voyage.

Ils partent ⬚ à la gare. Puis ils prennent ⬚.

A Londres, ils vont ⬚ puis ⬚. Ils traversent

la Manche ⬚ Puis ils prennent ⬚ pour aller à la

gare et vont ⬚ à Paris.

Ils prennent ⬚ pour aller à leur hôtel à Paris. Puis

ils partent ⬚ à La Rochelle et ils visitent la ville ⬚

C'est plus rapide à pied!

On va à l'Euro Disney

Tous ces voyageurs vont de Londres à l'Euro Disney.

Ils partent tous samedi à neuf heures du matin.

Lis les descriptions et regarde les voyages illustrés. Décide quel voyage illustré correspond à chaque voyageur.

Puis, décide l'ordre d'arrivée des voyageurs. A quelle heure est-ce qu'ils arrivent à l'Euro Disney?

1 Catherine Scott va à l'aéroport de Londres en métro. Elle prend l'avion à onze heures et arrive à Paris à treize heures. Elle va à son hôtel en bus et en RER. Il est maintenant quinze heures et demie. Catherine est trop fatiguée pour aller à l'Euro Disney samedi, alors elle décide de visiter Paris. Dimanche, elle prend le RER à dix heures et elle arrive à l'Euro Disney quarante-cinq minutes après.

2 James Williams va en vélo à la gare routière. Il prend le car de dix heures. Il arrive à Douvres à midi et demi. Il prend le bateau et arrive à Calais à seize heures. Il continue en car jusqu'à l'Euro Disney et arrive cinq heures après.

3 Peter et Lynne Smith prennent un autobus pour aller à la gare. Ils prennent le train de dix heures. Ils arrivent à Folkestone à onze heures quarante et prennent le bateau à Boulogne. Ils arrivent en France à quinze heures et demie et continuent à Paris en train. Ils arrivent à Paris à dix-huit heures et demie. Ils continuent leur voyage en métro et en RER et arrivent à l'Euro Disney une heure après.

4 Les Roberts partent en voiture. Ils arrivent à Newhaven à onze heures et demie et prennent le bateau pour aller à Dieppe. Puis, ils continuent leur voyage jusqu'à Rouen en voiture. Ils décident de passer la nuit à Rouen et vont à un hôtel. Dimanche, les enfants ne sont pas contents. Ils ne sont toujours pas à l'Euro Disney. Alors ils continuent leur voyage. Ils arrivent à Paris à onze heures, mais il y a beaucoup de circulation. Enfin, ils arrivent à l'Euro Disney une heure après.

Voyages:

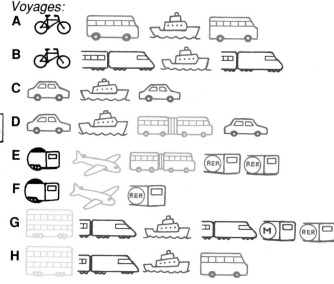

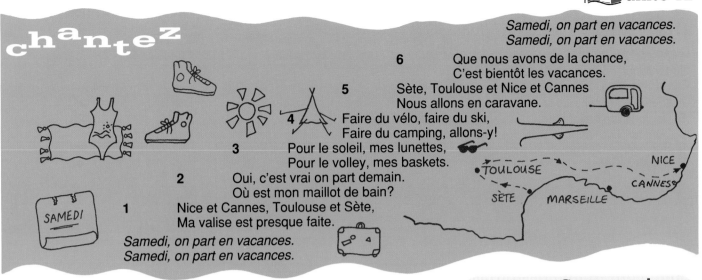

chantez

Samedi, on part en vacances.
Samedi, on part en vacances.

6   Que nous avons de la chance,
    C'est bientôt les vacances.
5   Sète, Toulouse et Nice et Cannes
    Nous allons en caravane.
4   Faire du vélo, faire du ski,
    Faire du camping, allons-y!
3   Pour le soleil, mes lunettes,
    Pour le volley, mes baskets.
2   Oui, c'est vrai on part demain.
    Où est mon maillot de bain?
1   Nice et Cannes, Toulouse et Sète,
    Ma valise est presque faite.

Samedi, on part en vacances.
Samedi, on part en vacances.

Sommaire

Now you can …
talk about leisure activities
Qu'est-ce que tu fais comme loisirs?
What do you do in your spare time?
Est-ce que tu aimes le sport? — Do you like sport?

Je joue	*au badminton*	I play	badminton
	au cricket		cricket
	au football		football
	au golf		golf
	au rugby		rugby
	au tennis		tennis
Je fais	*de l'athlétisme*	I do	athletics
	de la gymnastique		gymnastics
	du cyclisme	I go	cycling
	de l'équitation		horse-riding
	de la natation		swimming
	de la planche à voile		wind-surfing
	du ski		skiing
	de la voile		sailing
Je vais	*à la pêche*	I go	fishing

Est-ce que tu aimes la musique? — Do you like music?

Je joue	*du piano*	I play	the piano
	du violon		the violin
	de la guitare		the guitar
	de la flûte		the flute
*J'aime la musique, **mais je** ne joue pas d'instrument*		I like music, but I don't play an instrument

*Est-ce que tu fais **autre chose**?* — Do you do anything else?

Je fais	*du dessin*	I do	drawing
	de la peinture		painting
	du théâtre		drama
	de l'informatique		computing
	des photos	I take	photos
Je joue	*aux cartes*	I play	cards
	aux échecs.		chess
Je fais	*des puzzles*	I do	jigsaws
	des jeux de société	I play	board games
	des jeux vidéo	I play	computer games

use the verb *faire*
(see page 102)
understand the 24 hour clock

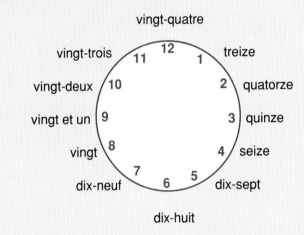

use the words for 'our' and 'your' (with someone you call *vous*)
When the word that follows is

	singular	plural
use	*notre*	*nos*
	votre	*vos*

(see also page 104)

talk about different means of transport
(en) autobus (m)	(by) bus
(en) avion (m)	(by) plane
(en) bateau (m)	(by) boat
(en) car (m)	(by) coach
(en) métro (m)	(by) underground
(à/en) moto (f)	(by) motorbike
(à) pied (m)	(on) foot
(en) taxi (m)	(by) taxi
(par le/en) train	(by) train
(à/en) vélo (m)	(by) bike
(à/en) vélomoteur (m)	(by) moped
(en) voiture (f)	(by) car

Activité 1

Qu'est-ce qu'on dit?

Regarde les images. Qu'est-ce qu'on dit?
Exemple: 1D Bonjour, Madame.

A Bonjour, Mademoiselle.
B Bonjour, Nathalie.
C Bonjour, Monsieur.
D Bonjour, Madame.
E Bonjour, Denis.

Activité 2

Une conversation

Arrange la conversation dans l'ordre correct.
Exemple:
1 E – Bonjour, Marc.
2 … – …

A – Au revoir, Marc.
B – Bonjour, Suzanne, ça va?
C – Ça va! Au revoir, Suzanne.
D – Oui, ça va bien, merci, et toi?
E – Bonjour, Marc.

Activité 4

Encore une conversation

Arrange la conversation dans l'ordre correct.
Exemple:
1 H – Bonjour, Mademoiselle.
2 … –

A – Au revoir, Christine.
B – Je m'appelle Christine. Et toi, comment t'appelles-tu?
C – Bonjour.
D – Je m'appelle Robert.
E – Comment tu t'appelles?
F – J'ai 11 ans. Au revoir Robert.
G – Quel âge as-tu, Robert?
H – Bonjour, Mademoiselle.
I – J'ai douze ans, et toi?

Activité 3

La France

Quel mot ne va pas avec les autres?

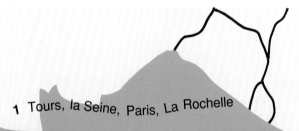

1 Tours, la Seine, Paris, La Rochelle

2 les Vosges, les Pyrénées, le Rhône, les Alpes

3 le Massif Central, Futuroscope, l'Euro Disney, le Parc Astérix

4 Bruxelles, Londres, Rome, Paris

5 la Manche, la France, l'Angleterre, la Belgique

6 la Méditerranée, l'Atlantique, la Manche, Le Mans

7 la Garonne, la Seine, la Loire, la Corse

8 Nice, Dieppe, Poitiers, Biarritz

Activité 1

J'habite en France   *Ecoute la cassette. Copie et complète le tableau dans ton cahier.*

		Je m'appelle ...	J'habite ...	dans une ville	dans un village	dans une maison	dans un appartement	dans une ferme	dans un château
Exemple:	1	*Vivienne*	à Hennequeville		✓	✓			
	2		à Paris						
	3	M. Laffitte	près de Rennes						
	4		à la Rochelle						
	5	Séverine	à St Guilhem-le-Désert						
	6	Mme Meyer	à Strasbourg						
	7		à Toulouse						
	8	le fantôme de Louis XIV	à Versailles						

Vivienne	Philippe	Hasan	Sika

Activité 2

C'est où?

C'est une ville en Angleterre? C'est une ville en France?
C'est où? **Exemple: 1** Paris, c'est une ville en France.

1 | Paris >

2 | Manchester >   **5** | Bordeaux >   **8** | Belfast >

3 | Leeds >   **6** | Cardiff >   **9** | Aberdeen >

4 | La Rochelle >   **7** | Toulouse >   **10** | Strasbourg >

Activité 3

C'est moi!

Copie le texte et complète les phrases.

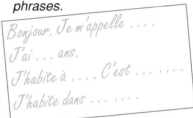

Bonjour. Je m'appelle . . . .
J'ai . . . ans.
J'habite à . . . . C'est . . . .
J'habite dans . . . .

onze	douze	dix

une ville   un village
une maison   une ferme
un appartement
en Ecosse
en Angleterre
en Irlande
au Pays de Galles

Activité 4

Qu'est-ce que c'est?

Ecris les numéros 1 à 8 et copie la phrase correcte pour chaque image.

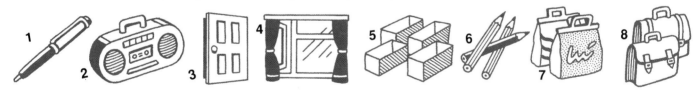

c'est une fenêtre   c'est un magnétophone à cassettes   ce sont des cartables   c'est un stylo   ce sont des crayons
ce sont des boîtes   c'est une porte   ce sont des sacs

Activité 5   **Eric Levert**   *Ecoute la cassette. Puis, choisis les quatre phrases correctes.*

A Eric habite dans la maison.   **C** La jungle est à Paris.   **E** Les singes sont fantastiques.   **G** Un singe s'appelle Eric.
B Eric habite avec les singes.   **D** Eric est un singe.   **F** L'écologiste s'appelle M. Levert.   **H** La jungle est fantastique.

Activité 1

La famille Lambert

Imagine que tu t'appelles Christophe Lambert. Copie et complète les descriptions de ta famille.

Bonjour. Je … Christophe Lambert. J'… … ans.

Voici ma mère. … … Mme … .

Voici mon … . Il … M. … .

J'ai … sœurs. Suzanne a 14 ans.

Anne-Marie … … … .

J'ai … … . Il s'appelle Jean-Jacques. Il … … … .

Activité 2

Combien?

Voici tes frères et tes sœurs (imaginaires).
Combien de frères et de sœurs as-tu?
Exemple: 1 J'ai deux frères et une sœur.

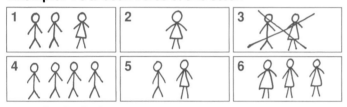

Activité 3

La maison de la famille Lambert

Regarde bien les images.
Copie les descriptions, mais dans l'ordre correct.

A Voici la chambre de Christophe.
B Maman est dans la salle à manger.
C Voici la maison et le jardin.
D Voici la cuisine.
E Voici la salle de bains.
F Anne-Marie est dans le salon.

Activité 4

Un arbre généalogique

Regarde la famille Lambert et réponds aux questions.

1 Comment s'appelle le frère de Christophe?
2 Mme Lambert a quel âge?
3 Grand-père Lambert a quel âge?
4 Anne-Marie a combien de sœurs?
5 Jean-Jacques a combien de frères?
6 Christophe est le fils de M. Lambert – c'est vrai?
7 Anne-Marie aussi est le fils de M. Lambert – c'est vrai?
8 M. Lambert a quel âge?

Activité 5

A toi!

Ecris une description de ta famille.

Activité 6

Trouve les différences

Exemple: Dans le premier dessin, il y a une calculatrice sur la boîte. La calculatrice est sur les livres dans l'autre dessin.

Activité 7

LA PAGE DES ... JEUX ... JEUX ... JEUX ...

1 Des numéros extraordinaires

Voici des numéros extraordinaires.
Il y a combien de numéros ici?
Exemple:
dix-huitrois ... dix, huit, dix-huit, trois – Il y en a quatre.

1 cinquarante-et-uneuf

2 vingt-cinquarante-huitreize

3 soixante-dix-huitrente-septroiseize

Invente un numéro extraordinaire pour un(e) ami(e).

2 A la maison

Ecris ces mots correctement.
Exemple: 1 salon

1 nolas   **6** radnij
2 lales ed sainb   **7** sinoam
3 inescui   **8** tarpanemept
4 sella à regman   **9** mefer
5 bremach   **10** livegal

Activité 8

Deux réclames

Regarde la publicité. Qu'est-ce qu'il y a dans la maison (numéro 1)? Ecris une liste de chambres etc.
Et dans l'appartement?

1

Jolie **MAISON** de construction récente compr. 1 gde cuis. aménagée, 1 sal.-cheminée, 1 s. à m., w.c. avec lave-mains, 1 s. de bns, 3 chbres (1 gde avec cab. de toil.). Petit jdn avec gge. Site agréable.

2

Ctre ville. Bel **APPARTEMENT** de 70 m2, compr. 1 petite cuis., 1 sal., 2 chbres, 1 s. de bns. Toute la décoration est superbe. Belle vue sur mer.

✦ Activité 1

Les mots magiques

Change les phrases en questions avec 'Est-ce que ...?' (les mots magiques).

Exemple:
Le lapin est dans la salle à manger.
Est-ce que le lapin est dans la salle à manger?

1 Tu as un animal à la maison.
2 Tu as un chien.
3 Le chien est dans le jardin.
4 Carotte est un lapin.
5 Le chien s'appelle Rover.
6 Tu habites dans une maison.
7 Tu as un frère.
8 Le chien est dans le jardin.

Activité 2

Cinq animaux

Ecris une description de ces animaux.

Exemple:
C'est un chien.
Il est noir et blanc.
Il est grand.
Il est méchant.

Activité 3   Une échange

Regarde l'histoire de Frédéric, puis réponds à ces questions. C'est vrai ou faux?

1 Frédéric aime beaucoup les animaux.
2 Sophie n'aime pas les chiens.
3 Frédéric déteste les chats.
4 Sophie n'aime pas les garçons.
5 Frédéric adore les lapins et les souris.

Activité 4

Où est la télévision?

Regarde l'appartement de la famille Martin. Beaucoup d'objets ne sont pas en place. Par exemple: la télévision est dans la cuisine. Où est la table? Et le lit? Et la platine-laser? Et le perroquet dans la grande cage? Et la lampe? Et le poisson rouge?

tu et vous

You know by now that there are two words for 'you' in French – *tu* and ***vous***.

Can you remember when to use each one? Check on that now.

Which do you use when you are:
a talking to one friend?
b being polite and talking to more than one older person or stranger?
c talking to someone younger than yourself?
d talking to more than one friend?
e being polite and talking to one older person or stranger?
f talking to an animal?

Answers: a, c and f = *tu*; b, d and e = *vous*

Why do the French use two words for 'you'?

… to be clear

It makes it clear whether you're speaking to one person or more than one person in a way that cannot really be done in English.

Compare these similar situations in French and English.

The English-speaking class aren't sure how many people are in trouble.

The French-speaking class clearly know that only one person is in trouble – so far!

Did you know …?

We used to have different versions of 'you' in English. You quite often come across them in older versions of the Bible, in plays by Shakespeare or in poems and stories written a long time ago.

People used to use **thou** and **thee** when they were talking to one person and **you** or **ye** when they were talking to more than one person.

Nowadays, 'thou' and 'thee' are used in some dialects, but otherwise they have died out, and it is now sometimes quite difficult to work out which 'you' someone means.

… to be polite

You could give the impression of being really cheeky or ill-mannered if you say *tu* to adults you don't know.

Although French people will probably understand your mistake if you use the wrong word at first, it certainly is more polite to get it right and it avoids misunderstandings.

Why is *vous* used when you are talking to more than one person and also when you want to be polite to someone?

This dates back to the time, many years ago, when it was thought to be polite to talk to someone important (like the king or queen) as if there were more than one of them.

In more recent times, royalty have referred to themselves in a similar way.

So, using ***vous*** means that this way of being polite is still in use today!

Can you think of any more examples of occasions when it would be useful to have another English word for 'you'?

See if you can find out what happens in German and Italian and any other languages you can get information about.

C'est extra! *unité 5*

Activité 1

Températures aujourd'hui

Est-ce qu'il fait chaud ou froid dans ces villes?

Quelle est la température à Bordeaux, à Cherbourg etc.?

Exemple:
A Bordeaux, il fait 21 degrés – il fait chaud.

Bordeaux	21
Cherbourg	6
Dieppe	4
Grenoble	3
Lille	10
Lyon	20
Nice	23
Paris	18
Rennes	17
Strasbourg	9
Toulouse	22

Activité 2

1 Quel temps fait-il?

*Regarde **Les quatre saisons** à la page 25. Ecris une phrase pour chaque saison.*
Exemple: En hiver il fait froid.

2 Le temps est variable!

*Invente un jeu **Change le mot** pour ton/ta partenaire. (Voir la page 22.)*
Exemple:

b	l	e	u
+	+	+	−
5	6	4	2
g	r	i	s

chaud vent neige
froid beau pluie

... JEUX ... JEUX ... JEUX ...

3 Mots croisés

Horizontalement
1 Quelle …! Où est mon parapluie?

Verticalement
1 En hiver, il neige et il … .
2 En automne, il y a du … .
3 En été, le ciel est bleu et il fait … .
4 En hiver, il … . J'adore ça!
5 Il y a du … . Aïe! Mon parapluie.

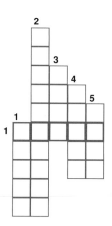

Activité 4

Le weekend

Qu'est-ce que tu fais le weekend?
Exemple: 1 Je joue au tennis.

Activité 3

Quel temps fait-il au Royaume-Uni?

Regarde la carte. Quel temps fait il à Bristol? Et dans les autres villes?

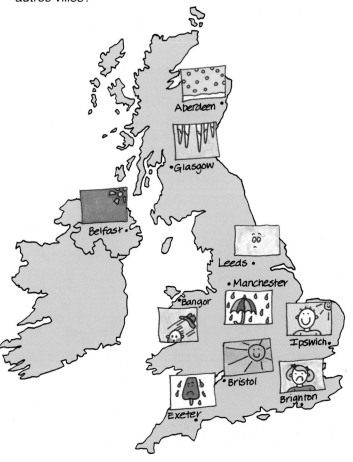

114

Activité 5

Une interview

Complète l'interview avec les mots dans le tableau.

– Bonjour Sandrine. ... ... tu aimes le sport?
– Oui, j'aime ... ...
– Est-ce que tu joues ... ...?
– Oui, je joue au golf. Je ... aussi au tennis et ... ...
– Est-ce que ... joues au cricket?
– Ah non, ... n'aime pas ça.
– Quand il fait mauvais, ...
– Eh bien, je reste à la maison. J'... ... ... et je ... la télévision.

beaucoup	le sport
au tennis de table	au golf
Est-ce que	la radio
qu'est-ce que tu fais?	regarde
joue	tu
écoute	je

Activité 6

Complète ces phrases

1 Quand il fait froid, je ...
2 Quand il y a du soleil, je ...
3 Quand il neige, je ...
4 Quand il fait chaud, je ...
5 Quand il pleut, je ...

Activité 7

Qui est-ce?

Regarde les correspondants à la page 27. Qui est-ce?
Exemple: 1 C'est Magalie.

1 Elle aime la musique.
2 Elle est fille unique.
3 Il aime le rugby.
4 Il possède un micro-ordinateur.
5 Il habite en Belgique.
6 Elle aime les chevaux.
7 Elle aime le ski.
8 Il a une collection de timbres.
9 Elle a un magnétophone à cassettes.
10 Il habite à Paris.

Activité 8

Une petite description

Regarde les correspondants à la page 27. Choisis un garçon et une fille et écris une petite description.
Exemple: Alain habite à Bordeaux. Il aime le rugby et le football.

Activité 9

Ma journée

Regarde les images et écris l'histoire dans l'ordre correcte.

1 Alors, j'entre dans ma chambre,
2 Je rentre à la maison.
3 Aujourd'hui, c'est dimanche.
4 Zut, maintenant il pleut.
5 Il y a un match de football à la télé.
6 Mon frère Grégory regarde la télé.
7 Bonjour, je m'appelle Sandrine.
8 Je travaille dans le jardin.
9 Moi, je n'aime pas ça.
10 et j'écoute de la musique.

C'est extra! *unité 6*

Activité 1

Les fêtes

Regarde les pages 34-35.

A *C'est quand, la fête?*
Exemple: 1 C'est le 6 janvier.

1 Les Français mangent un gâteau spécial qui s'appelle 'la galette des rois'.

2 C'est une fête britannique. Il y a un feu d'artifice.

3 C'est une fête française. Il y a des défilés dans les rues pendant la journée et un feu d'artifice le soir.

4 C'est le dernier jour de l'année et c'est une grande fête en Ecosse.

5 C'est une grande fête chrétienne. On envoie des cartes et des cadeaux à la famille et aux amis.

B *Comment s'appelle la fête?*

1 C'est une fête des lumières: on allume les lampes.

2 C'est une fête américaine et c'est toujours le dernier jeudi de novembre.

3 Ce jour-là, on pense à sa mère et on lui offre une carte.

4 Nous mangeons des œufs en chocolat ce jour-là.

5 C'est toujours un mardi en février et on mange des crêpes.

Mardi Gras
Fête des Mères
Thanksgiving
Pâques
Diwali

Activité 2

Fais des phrases

Maintenant, fais des phrases sur les fêtes en France.
Exemple: En France, on mange des œufs en chocolat à Pâques.

En France, on	mange un gâteau spécial	à Pâques
	mange des œufs en chocolat	
	danse dans les rues	le 6.janvier
	regarde un feu d'artifice	
	offre des cadeaux à des amis	à Noël
	chante des chants de Noël	
	mange un grand repas	le 14 juillet

Activité 3

Qu'est-ce qu'ils font?

Regarde les personnes dans ces dessins. Qu'est-ce qu'ils font?
Exemple: 1 Ils travaillent dans le jardin.

Activité 4

Tout le monde regarde la télé

Complète les phrases avec le verbe **regarder**.

Activité 5

A toi d'écrire une carte postale

Regarde la page 38.

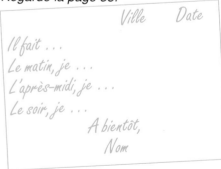

Activité 6

C'est quand, ton anniversaire?

Faites un sondage en classe.

Combien de personnes ont leur anniversaire en janvier, février, mars etc.

Est-ce qu'il y a deux personnes (ou plus) qui ont leur anniversaire le même jour?

Activité 7

Singulier ou pluriel?

Regarde les phrases et fais deux listes.
Exemple:

singulier	pluriel
Il écoute une cassette.	Les lapins aiment les carottes.

Maintenant, fais un dessin amusant pour illustrer une de ces phrases.

Nous donnons des cadeaux et des cartes à des amis.

Il écoute une cassette.

Elles mangent des œufs en chocolat.

Le chat chasse la souris.

Les lapins aiment les carottes.

Les souris sont mignonnes.

Le pantalon est bleu.

Activité 8

Des cadeaux de Noël – un jeu de logique

Voilà des cadeaux pour la famille Lambert. A toi de décider à qui est chaque cadeau.
Exemple: A – c'est pour …

Il y a deux cadeaux pour Christophe et deux pour Jean-Jacques.

Suzanne a deux cadeaux aussi.

Pour Anne-Marie, il y a un paquet seulement, mais il est très, très grand.

M. Lambert aussi a un cadeau seulement, mais il est content. Il aime les livres et il adore le sport. Dans son paquet il y a deux livres – un sur le rugby, un sur le cyclisme.

Christophe aussi est content. Il aime beaucoup la musique et il écoute souvent des cassettes.

Les cadeaux de Suzanne ne sont pas grands. Dans la petite boîte ronde, il y a un petit lapin en porcelaine. Suzanne est très contente – elle adore sa collection de petits animaux.

Pour Mme Lambert, il y a deux cadeaux – un petit paquet rond et un grand paquet. Dans le grand paquet il y a un sac – c'est magnifique!

Et Jean-Jacques? Il est content aussi – il adore le football!

Et le perroquet? Il a une petite balle rouge. Avec ça, il peut jouer au football dans sa cage.

Activité 9

Une boutique formidable

Imagine que tu décris des vêtements dans une boutique. Complète les phrases avec des mots corrects.

Attention! Regarde la fin des mots.

1 Les robes sont …
2 Les tricots sont …
3 Les pantalons sont …
4 Les jupes sont …
5 Les chaussures sont …

horrible horribles
formidable formidables
joli jolie jolis jolies
grand grande grands grandes
petit petite petits petites
magnifique magnifiques

Et maintenant dessine ces vêtements!

Activité 10

Les chaussettes de Jean-Jacques

Le 15 décembre, c'est l'anniversaire de Jean-Jacques. On lui offre des cadeaux, mais il n'est pas toujours content. Qu'est-ce qu'on dit? Complète l'histoire.

Activité 1

A La Rochelle

Copie et complète ces phrases dans ton cahier.

La Rochelle est … … en France. C'est un … important. Si vous visitez … …, allez voir le … port, les …, les trois … et … de ville. Les … à arcades sont … pittoresques et les … maisons aussi.

> port   La Rochelle   musées
> tours   l'hôtel   vieux   rues
> vieilles   très   une ville

Activité 2

Le mot qui manque

Fais ce jeu dans ton cahier.

1 Avez-vous un … sur La Rochelle, s'il vous plaît?
2 Avez-vous un … de la ville?
3 Qu'est-ce que tu préfères, le vieux … ou le … des Minimes?
4 On vous donne des brochures à l'… de Tourisme.
5 Je vais visiter le … aux poissons ce matin.
6 Il y a un spectacle *son et lumière* à la … de la Chaîne.

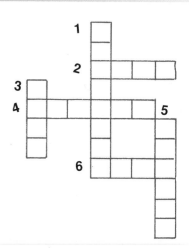

Activité 3

Situations

Travaille avec un(e) partenaire.

1 You're suddenly very thirsty. Ask if there's a café nearby.
2 You need to change some money – ask for a bank.
3 Imagine you're hungry and want to find a restaurant.
4 It's so hot that you want to go swimming. But is there a swimming pool nearby?
5 You want to eat your lunch in a park. Ask if there's a park nearby.

Activité 4

C'est où?

Regarde bien cette photo. Combien de phrases correctes peux-tu faire?
Exemple:
Le camping est à droite.

Activité 5

J'aime les musées – et d'autres choses aussi!

Regarde les brochures à la page 48. Où vas-tu?

Moi, j'aime …
A le soleil
B les grands bâtiments historiques
C Mme Tussaud
D le shopping
E les figurines mécaniques
F les petits trains en mouvement
G le bateau France
H voyager par le train

… alors, je vais …
1 au Musée des Automates
2 au Musée Grévin
3 à la gare
4 au Musée des Modèles Réduits
5 à l'Hôtel de Ville
6 au Musée Maritime
7 à la plage
8 aux magasins

Activité 6

Nous jouons aussi

A Jean-Jacques et Frédéric copient tout ce que Christophe fait. Qu'est-ce qu'ils disent?
Exemple:
1 *Il dit:* –Je joue au football.
Ils disent: –Nous jouons au football aussi.

Christophe:
1 – Je joue au football.
2 – Je joue au golf.
3 – J'écoute des disques.
4 – Je regarde la télé.
5 – Je travaille dans le jardin.
6 – Je reste à la maison.
7 – Je vais en ville.
8 – Je vais à la piscine.

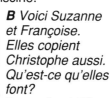

B Voici Suzanne et Françoise. Elles copient Christophe aussi. Qu'est-ce qu'elles font?
Exemple: 1 Elles jouent au football.

Solutions

Où sont les toilettes? (à la page 45)
Voici notre sélection:
1H; 2A; 3J; 4D; 5E; 6C

M. Tournon livre ses fruits (à la page 46)

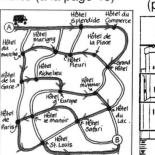

Le dessin mystérieux (p. 46)

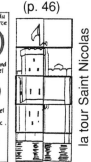

La Rochelle en mots croisés (p. 51)

Activité 7

Dialogues

Complète ces dialogues avec les mots dans les tableaux. Puis, lis les dialogues avec un(e) partenaire.

1 – Salut …! Ça va?
– Salut Monique! Oui, ça va. Et toi?
– Ça va bien merci. Où vas-tu?
– Je … au … … … .
– C'est …, le parc?
– Non, … … … … . C'est dans … … … … .

vais	la rue Frank Delmas
Jean-Luc	ce n'est pas loin
parc Frank Delmas	loin

2 – On va … … …?
– Oui, d'accord.
– Pardon, Monsieur. Pour … à la piscine, s'il vous plaît?
– Vous continuez tout droit, puis vous prenez la … rue à … . C'est la rue … … . Vous descendez la rue, et voilà!
– Merci, Monsieur. C'est …?
– Non, … … … . C'est à … mètres.

aller	ce n'est pas loin	loin
des Remparts		cinquante
gauche	première	à la piscine

3 – Pardon, Monsieur. … … il y a un … près d'ici?
– Un parking? Oui, il y a un parking … la tour de la Lanterne. Continuez … … .

tout droit	Est-ce qu'
devant	parking

Activité 8

Le guide, c'est toi!

Travaillez à deux.

Regardez le plan à la page 47.

A *(le/la touriste) choisit cinq choses à voir à La Rochelle.*
B *(le guide) donne des directions et dit où on va.*

Exemple:
A: – Pour aller à la Tour St Nicolas, la cathédrale, …, … et …?
B: – Alors, nous commençons ici, à l'office de tourisme, et nous tournons à gauche. Puis …

Being polite

Politeness can be very important when you're addressing people, no matter what language you're speaking. French is no exception.

Look at these situations and try to find out where things go wrong.

Page 113 should give you a clue to that one.

The French was correct …

… but what was wrong?

At last!

Just right!

What's wrong now?

Ah, well! You can't know **everything**!

Allez Jacques!

A Des questions

Lis l'histoire et réponds à ces questions.

Exemple: 1 C'est dimanche.

1 C'est quel jour?
2 Quel temps fait-il?
3 Est-ce que Jacques aime la télévision?
4 Qu'est-ce qu'il y a à la télé aujourd'hui?
5 Ce sont les rouges ou les bleus qui gagnent le match?
6 Qui va au cinéma?

B Qui fait ça?

Qui fait ça? Jacques, Françoise, Jean-Pierre ou Christine? Complète les phrases.

1 … joue au football.
2 … joue au tennis.
3 … regarde la télévision.
4 … travaille dans le jardin.

C Vrai ou faux?

1 Il y a une piscine à La Rochelle.
2 Jacques joue au football avec Jean Pierre.
3 Jacques regarde la télévision.
4 Christine achète des plantes au marché.
5 Il y a un match de football à la télévision.
6 Les bleus gagnent le match.
7 Les rouges gagnent 1 à 0.
8 A la fin du match Jacques va à la piscine.

Activité 1

La journée de Loïc

Loïc et ses amis racontent la journée. Qu'est-ce qu'ils disent? Regarde la page 52 pour trouver les réponses.
Exemple: 1 A huit heures je vais au collège.

1 A huit heures je...

2 A midi, mes amis et moi, nous ...

3 A cinq heures je ...
4 A six heures je ...
5 A ... nous mangeons notre dîner.
6 A neuf heures je ...

Activité 2

Mme Laval n'a pas de chance

C'est dimanche. Mme Laval va à Paris. Elle va à La Rochelle en voiture avec des amis. Maintenant elle cherche la gare.

Ecoute la cassette. Mme Laval a trois conversations. Après chaque conversation, réponds à la question.

1 Il est quelle heure maintenant?
   A   B   C

2 Quelle heure est-il?
   A   B   C

3 Le train part à quelle heure?
A Dimanche - Paris - Départ 11h 40
B Dimanche - Paris - Départ 11h 30
C Dimanche - Paris - Départ 11h 45

Activité 4

Une journée

Voici Mlle Dupont. Elle travaille pour la poste. Elle distribue des lettres. Complète la description de sa journée.
Exemple: A six heures elle va à la poste ...

Activité 3

Faites du théâtre!

Travaillez en groupes de quatre personnes pour présenter cette anecdote.
Si vous voulez, inventez une anecdote vous-mêmes.

Mme Laval n'a pas de chance
C'est dimanche et Mme Laval va à Paris par le train.
Mme Laval: Pardon, Monsieur. Pour aller à la gare, s'il vous plaît?
Homme 1: Je ne sais pas, Madame. Je n'habite pas ici.
Mme Laval: Quelle heure est-il, s'il vous plaît?
Homme 1: Il est onze heures et quart.
Mme Laval: Onze heures et quart! Mais le train part à midi moins le quart ...

• • • • •
Mme Laval: Pardon, Monsieur. La gare est près d'ici?
Homme 2: Ah non, c'est à un kilomètre d'ici. Prenez la deuxième rue à droite, et la troisième rue à gauche.
Mme Laval: Merci, Monsieur. Quelle heure est-il, s'il vous plaît?
Homme 2: Il est onze heures et demie.
• • • • •

Enfin Mme Laval arrive à la gare. Elle est très fatiguée.
Mme Laval: Pardon, Monsieur. Quelle heure est-il, s'il vous plaît?
Homme 3: Il est midi moins vingt.
Mme Laval: Ah bon. Alors où est le train pour Paris, le train de midi moins le quart?
Homme 3: Ah non, Madame. Aujourd'hui, c'est dimanche. Il y a un train pour Paris à midi moins le quart le lundi, le mardi, le mercredi, le jeudi, le vendredi, et même le samedi, mais le dimanche, le train est à onze heures et demie! Et aujourd'hui, Madame, c'est dimanche.

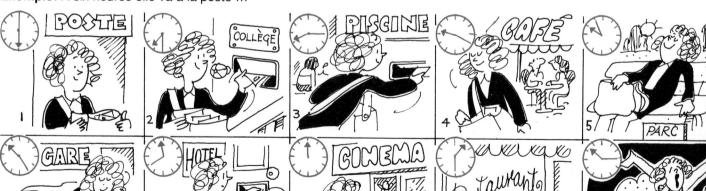

Activité 5

Je n'aime pas les enfants

Suzanne a une journée très difficile. Elle fait du 'baby-sitting', mais, quels enfants! Où sont-ils? Qu'est-ce qu'ils disent? Complète les phrases.

1 – Vincent, où es-tu?
   – … dans ma chambre.
2 – Thomas, où es-tu?
   – … dans le jardin.
3 – Alice et Charlotte, où êtes-vous?
   – … dans la salle à manger.

Activité 7

Mon, ma ou mes?

Complète les conversations.

1 – Voici un chat.
   – Oui, c'est .... chat.
2 – Tiens, regarde le cheval dans le jardin.
   – Oui, c'est … cheval.
3 – Voici une lettre de Londres.
   – Oui, c'est … lettre.
4 – C'est à qui la raquette de tennis là-bas.
   – C'est … raquette de tennis.
5 – Voilà des chaussures de tennis.
   – Oui, ce sont … chaussures de tennis.
6 – Les amis de Sébastien sont Coralie et Grégory Charpentier.
   – Ils sont … amis aussi.
7 – Voici une affiche de Paris.
   – Oui, c'est … affiche.
8 – Quelle est ton équipe de rugby préférée?
   – … équipe de rugby préférée est La Rochelle.

Activité 6

Où sont-ils?

A toi de compléter les descriptions.

Ici nous … au café.

Ils … dans le parc.

Les filles … au collège.

Les enfants … à la piscine.

Activité 8

Ma chambre

Imagine que la chambre illustrée est ta chambre. Combien de phrases correctes peux-tu faire?

Mon	pantalon tricot walkman	est	sur	la chaise
Ma	cassettes livres chaussures			le lit
	chaussettes	sont	sous	
Mes	calculatrice trousse cartable			la table

Activité 9   J'adore le rouge

Tu regardes les vêtements d'une amie. Tu aimes tous ses vêtements rouges mais tu n'aimes pas les vêtements d'autres couleurs. Qu'est-ce que tu dis?
Exemple:
J'aime ton pantalon rouge.
Je n'aime pas ton T-shirt vert.

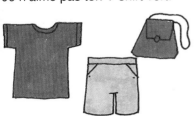

Activité 1

Qu'est-ce qu'ils mangent?

Ecoute la cassette et regarde les dessins.

Dans chaque description sur la cassette, il y a deux choses seulement qui sont dans le dessin. Mais, quelles choses?

A toi de découvrir.

Exemple: 1 du pain et du beurre

Activité 3

A table

Travaillez à deux.
Voici les situations – à toi d'inventer les conversations complètes.

1 Demande à ton ami(e) s'il/si elle veut boire

  ça ......

         ou ça ......

  ou ça ......

        Il/elle choisit ..

2 Demande s'il/si elle veut

  ça ......

  ou ça ......

  ou ça ......

  Il/elle choisit ...

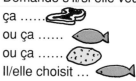

3 Demande s'il/si elle veut encore de ça ......

  ou ça ......

  ou ça ......

  Il/ elle accepte tout avec plaisir.

4 Demande s'il/si elle veut encore de ça ......

  ou ça ......

  ou ça ......

  Il/elle refuse.

Activité 2

Réponds aux questions

1 Qu'est-ce que tu bois pour le petit déjeuner?
2 Qu'est-ce que tu manges pour le déjeuner, le dimanche?
3 Qu'est-ce que tu manges pour le dîner, le samedi?
4 A midi, est-ce que tu manges à la cantine ou à la maison?
5 Est-ce que tu prends le goûter après l'école?

Activité 4

Flash-infos

*Regarde **Flash-infos** à la page 72, puis écris la phrase correcte.*

1 Les jeunes [aiment ...   n'aiment ...] pas le petit déjeuner.
2 Beaucoup d'adultes [mangent du ...   ne mangent pas de ...] 'fast-food'.
3 Dans le petit déjeuner idéal il y a [1/4   1/2   1/3] des calories pour la journée.
4 [60%   70%   80%] des personnes qui aiment le 'fast-food' n'ont pas encore 30 ans.
5 Les adultes [préfèrent ...   n'aiment pas ...] les repas traditionnels.
6 Le 'fast-food' [n'est pas ...   est ...] cher.

Solutions

Le repas favori de Jean-Pierre
(à la page 66)
Jean-Pierre mange
1 du potage,
2 du poisson avec des frites,
3 de la salade,
4 du fromage,
5 du yaourt et des fruits.
Et, comme boisson, il prend
6 de l'orangeade.

Le menu déguisé
(à la page 67)
Ce soir on mange du melon, une omelette et des frites, de la salade et un gâteau

Voici les réponses ...
(à la page 68)
1C, 2E, 3A, 4F, 5D, 6B

Oui, je veux bien
(à la page 70)
2 **1D, 2C, 3E, 4F, 5A, 6B**

3 **A** *et* **E**   Non, non, et non!

  C *et* **D**   *Une bonne réponse pour tout le monde. Félicitations!*

  B   *Une bonne réponse si ton/ta partenaire est Coralie, Sébastien ou Loïc.*

  F   *Une bonne réponse, très polie, si ton/ta partenaire est M. Charpentier, Mme Charpentier ou M. Dhomé.*

Activité 5 Mangetout

1 Mangetout est un grand chat – très grand!

Il aime deux choses dans la vie: dormir et manger.

Il est midi – l'heure du déjeuner, et il cherche quelque chose à manger.

2 Il entre dans la cuisine – quelle chance! La table est couverte de provisions.

3 D'abord il mange du poisson. Il adore ça!

Il mange un peu de pain aussi, Puis la viande …

Mmm – c'est excellent!

4 Puis il mange des carottes … et des tomates … tout est délicieux!

5 Il n'aime pas beaucoup la salade, mais il mange un peu, quand même!

– Maintenant, un peu de fromage, pense Mangetout, et il mange un grand morceau de fromage.

6 Et comme dessert?

Sur la table il y a un gâteau magnifique. Mangetout mange du gâteau … Mmm … délicieux! … mais … soudain, il écoute … c'est Madame qui arrive!

7 Il pense au repas énorme qu'il a mangé-du poisson, du pain, de la viande, des carottes, des tomates, de la salade, du fromage et du gâteau …

8 Il décide de s'échapper … mais, hélas … c'est impossible!

Solutions

Le jeu de la carotte
(à la page 72)

s u	c	r e
f r o m	a	g e
b e u r	r	e
b i s c	o	t t e
c h o c o l a	t	s
c a r o	t	t e
v i a n	d	e

C'est vrai?   *(à la page 72)*

les chats …

1 ne jouent pas avec les enfants

2 ne sont pas intelligents

3 ne mangent pas bien

4 ne restent pas à la maison

5 n'aiment pas les enfants

les chiens …

1 ne sont pas indépendants

2 ne sont pas intelligents

3 ne mangent pas bien

4 ne respectent pas les jardins

5 n'aiment pas les autres animaux

Tu aimes les fruits? Tu aimes les légumes?
(à la page 73)

1 fraises	**6**	poire
2 petits pois	**7**	bananes
3 melon	**8**	pommes de terre
4 haricots verts	**9**	carottes
5 choufleur	**10**	pêches

Le zoo de Madeleine

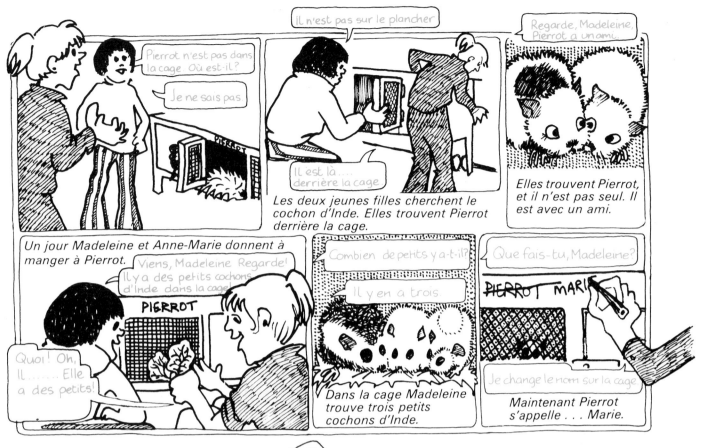

Les deux jeunes filles cherchent le cochon d'Inde. Elles trouvent Pierrot derrière la cage.

Elles trouvent Pierrot, et il n'est pas seul. Il est avec un ami.

Dans la cage Madeleine trouve trois petits cochons d'Inde.

Maintenant Pierrot s'appelle . . . Marie.

... JEUX ... JEUX ...   JEUX ...

A Qu'est-ce que c'est?

Regarde les images. C'est quel animal?

Exemple: 1B

1 une souris

2 un lapin

3 un chat

4 un cochon d'Inde

5 un hamster

B Vrai ou faux?

1 Anne-Marie aime les cochons d'Inde.

2 Madeleine a un lapin.

3 Le lapin s'appelle Pierrot.

4 Madeleine achète un cochon d'Inde.

5 Le lapin gagne un prix au concours.

C Avez-vous des animaux?

Fais un petit sondage et complète le tableau.

Exemple:	une souris	un lapin	un chat	un chien	un hamster	un cochon d'Inde
Madeleine a	✓	✓			✓	✓✓✓
J'ai						
Mon ami a						
Mon amie a						
Mon frère a						
Ma sœur a						
Mes parents ont						

Activité 1

Argent de poche

A l'école de ton/ta correspondant(e) français(e), on fait un sondage sur les choses que les jeunes achètent avec leur argent de poche.

Voici la question: – Qu'est-ce que tu achètes avec ton argent de poche? (Et tes amis? Et ta famille?)

Ecris cinq réponses pour envoyer en France.

Moi, j'	achète	des bonbons
		des chips
Ma sœur		du chocolat
Mon frère	achetons	des vêtements
		des cassettes
Mes copains et moi, nous		des magazines
	achètent	des cadeaux
Mes amis		des livres

Activité 2

Maths croisés

Attention! Les réponses sont des numéros – pas des mots.

Horizontalement (H)

1 Pâques est toujours après le … mars.
2 Dans une année il y a … semaines.
3 Cinquante et cinquante =
4 7 x H1
5 Au mois de février il y a 29 ou … jours.
6 L'année prochaine est l'an 2000. Alors, cette année est l'an … .

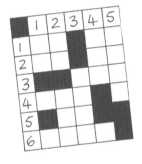

Verticalement (V)

1 C'est Noël.
2 Une douzaine.
3 C'est l'année de la Révolution française.
4 5 x H2
5 H3 x 80

Solution à la page 131

Activité 3

A la caisse

Ecoute la cassette.

Jouez à deux ou en équipes. Inventez des dialogues.

Le client (A) a 100F (ou 200 F ou 500 F)
L'épicier (B) vend …

Exemple:
A – C'est combien, le chocolat?
B – Dix francs.
A – Avez-vous la monnaie de cent francs?
B – Oui, voilà quatre-vingt-dix francs.

Marquez des points:
chaque personne (ou équipe) commence avec 30 points;
on perd   3 points si on ne répond pas
*   2 points pour une erreur*
*   1 point si on met plus de 5 secondes*

Activité 4

Je n'ai pas de lait

Pour écrire l'histoire de Dani, mets les phrases dans l'ordre correct.
Exemple: 1D

A Voilà, c'est tout.
B Ici on vend de tout.
C C'est combien?
D Ah! Je n'ai pas de lait.
E Voilà le supermarché.
F Je prends des fruits. J'adore le fruit!
G C'est intéressant, ce magazine.
H Zut alors! Je n'ai pas de lait.

Activité 5

Christophe fait des courses

Travaillez à deux.

1 Lisez la conversation à l'épicerie, puis jouez les rôles de Christophe et de la marchande.

2 Remplacez <u>les mots soulignés</u> par d'autres mots pour changer la conversation.

3 Enregistrez cette conversation.

4 Echangez votre cassette avec une autre paire d'élèves, écoutez la cassette et écrivez les choses qu'ils achètent et les prix.

– Bonjour, <u>Christophe</u>. Ça va?
– Bonjour, <u>Madame</u>. Oui, ça va bien, merci.
– <u>Il fait froid</u>, n'est-ce pas?
– Oui, <u>il fait froid</u>. Avez-vous <u>des bananes</u>, s'il vous plaît?
– Ah non. Je regrette, je n'ai pas de <u>bananes</u> aujourd'hui.
– Je voudrais <u>des pommes</u> aussi. Avez-vous <u>des pommes</u>?
– Oui, voilà <u>des pommes</u>. C'est tout?
– Non, je voudrais <u>du thé</u> aussi.
– Voilà <u>du thé</u>. C'est tout?
– Non, c'est combien <u>le gâteau au chocolat</u>?
– <u>Le gâteau au chocolat</u>, c'est <u>30F</u>.
– D'accord. Je prends <u>le gâteau</u> aussi.
– Voilà, c'est tout?
– Oui, c'est tout.
– C'est combien?
– Ça fait <u>47F 50</u> en tout.
– J'ai seulement un billet de 100F.
– Ça va. Voici la monnaie … <u>48, 50, et 50 font 100</u>.
– Merci, <u>Madame</u>. Au revoir.
– Au revoir, <u>Christophe</u>.

Activité 6

Qu'est-ce qu'on vend?

Complétez ces phrases.

1 M. Lenoir travaille à l'épicerie.
  Il … beaucoup de choses.
2 Mme Legrand travaille à la pâtisserie.
  Elle … des gâteaux.
3 M. et Mme Dhomé travaillent à la boulangerie.
  Ils … du pain.
4 M. Lefèvre travaille à la charcuterie.
  Il … du jambon et du pâté.
5 Mme Lenoir travaille au bureau de tabac.
  Elle … des cigarettes et du tabac.
6 Moi, je travaille à la boucherie.
  Je … de la viande.

Activité 7

Petites annonces

Lis ces petites annonces – qu'est-ce qu'on vend?

ANIMAUX DOMESTIQUES

A vendre
5 petits chiens Yorkshires
pure race, 8 semaines
Tél 31.65.43.68 sauf weekends

A vendre – petits chats
très mignons, noir et blanc,
gris ou tricolores.
Propres. Petit prix.
Tél. 31.32.00.45 sauf dimanche

Activité 8

Mousse au chocolat

Tu aimes la mousse au chocolat? Miam miam – elle est délicieuse!

Imagine que tu fais cette mousse pendant tes vacances en France. Qu'est-ce que tu achètes?

Fais des listes pour tes courses.

Exemple: A l'épicerie une tablette de chocolat

Recette pour la mousse au chocolat

1 Mets 125g de chocolat dans un bol et fais fondre dans de l'eau bouillante.

2 Prends deux grands œufs. Sépare les jaunes et les blancs d'œufs.

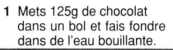  

3 Ajoute les jaunes d'œufs au chocolat.

4 Bats les blancs d'œufs en neige.

5 Peu à peu ajoute le chocolat.

6 Mets dans des verres – bon appétit!

Solutions

Au micro *(à la page 78)*

1E, 2F, 3B, 4C, 5A, 6D

C'est toi qui paies *(à la page 81)*

tu achètes …	les autres achètent …	
la baguette	les biscuits	le beurre
l'eau minérale	les oranges	le chocolat
les bananes	le fromage	

Un petit magasin *(p. 79)*

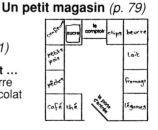

C'est extra! *unité 11*

Activité 1

Que dit Nicole?

Regarde les images. Que dit Nicole à son frère?

Exemple: Voilà mon paquet de bonbons.
Voilà ton chocolat.

Activité 2

Le bureau de M. Dulac

C'est lundi. M. Dulac arrive au bureau – mais quel désordre.

Il ne trouve pas son agenda, sa chaise, ses lettres, son classeur, ses livres. Mais tout est là.

A toi de décrire où sont ses affaires.
Exemple: Sa chaise est sous la table.

Activité 3

Quels vêtements?

Lis les phrases et trouve un vêtement (ou plusieurs vêtements) à chaque fois.

1 On met ça en hiver.

2 On met ça en été.

3 On met ça quand il pleut.

4 On met ça quand on va à la piscine.

5 On met ça quand on va au lit.

6 Les hommes et les garçons mettent ça.

7 Les filles et les femmes mettent ça.

8 Les joueurs de tennis mettent ça.

Activité 4

C'est trop …

Qu'est-ce qu'on dit?
Exemple: 1 C'est trop grand.

Activité 5

J'aime le vert

Tu veux acheter tous les vêtements qui sont verts.
Que dis-tu?
Exemple: Je voudrais ce short vert.

Activité 6

Une lettre de Sébastien

Sébastien passe quinze jours chez son correspondant en Angleterre. Complète cette lettre à ses parents.

Cher maman et papa,

Je suis bien arrivé en Angleterre.
Les Smith habitent à la campagne.
..... maison est très grande. Ils ont beaucoup d'animaux.
..... chien s'appelle Checkers. Il est noir et blanc. Ils ont trois chats – ..... chats s'appellent Blackie, Inky et Sooty. Ils ont deux lapins – ..... lapins s'appellent Fluff et Fred.

James et Duncan partagent une chambre. Dans ..... chambre il y a un micro-ordinateur. J'écris cette lettre avec ..... ordinateur. C'est génial, non?

Je vous embrasse,

Sébastien

Activité 7

Photos de famille

1 La famille Lacan

Qui sont les personnes numérotées?

2 La famille Legrand

Décris la famille Legrand. Dans la photo, il y a M. et Mme Legrand et leurs deux enfants, Jean-Luc et Sophie.

Solution

Maths-croisés
(à la page 128)

Activité 1

Devine l'activité

Quelle est la bonne phrase?
Exemple: 1 Il joue du violon.

Elle joue du piano.   Ils jouent aux échecs.
Elle fait des photos.   Ils jouent de la guitare.
Ils font du cyclisme.   Elle fait de la peinture.
Il joue du violon.   Elles jouent de la flûte.

Activité 2

Invente un jeu

A toi d'inventer un jeu sur le sport ou les loisirs pour tes camarades.

Ça peut être un puzzle, un jeu de mots cachés ou des mots croisés.

Activité 3

Questions et réponses

Mets-les ensemble.
Exemple: 1B

1 Qu'est-ce que tu fais, quand il fait beau?
2 Qu'est-ce qu'elle fait comme sports?
3 Et les filles, qu'est-ce qu'elles font?
4 Qu'est-ce qu'ils font, les garçons?
5 Qu'est-ce que tu fais?
6 Jean-Pierre, qu'est-ce qu'il fait?
7 Qu'est-ce que vous faites, samedi?

A Moi, je fais de l'informatique.
B Quand il fait beau, je fais de la voile.
C Elles font du cyclisme.
D Nous faisons de la gymnastique.
E Il fait des photos.
F Ils font de la peinture.
G Elle fait de la natation.

Activité 4

Le match de football

Jeu de football

1 Match Marseille: Saint-Etienne ... 3 mars.
2 Tu aimes ... du sport, toi?
3 J'aime bien ... les matchs de football.
4 Le ... , c'est à Marseille.
5 Comme tu es ... , toi!

Mets-les en ordre

Mets ces phrases dans l'ordre de l'histoire

1 André arrive en moto.
2 Il pleut.
3 André et Jean-Claude décident d'aller au match de football.
4 Les deux amis arrivent à Saint-Etienne, mais le match est à Marseille!
5 Ils continuent à Saint-Etienne à pied.
6 La moto ne marche pas.

Activité 5

Au centre commercial

Lis cette publicité pour un centre commercial.
C'est pour quelles personnes? Pour les personnes qui sont …

    A à l'école?
ou **B** en vacances?
ou **C** à la maison?
ou **D** au bureau?

Si vous avez oublié vos , votre ,

votre , votre ,

et votre , ou vos , en un

mot: l'indispensable, venez nous voir.

Quand tout le monde est en vacances, les magasins du

Centre Saint-Pierre sont ouverts.

Nous avons même

prévu un grand choix de

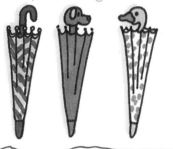

A toi!

A toi de faire de la publicité pour un grand magasin en mots et en images pour les personnes qui sont à l'école.
Exemple:

Si vous avez perdu votre   …

… achetez vos affaires scolaires

aux magasins du Centre Saint-Pierre.

Activité 6

Notre collège

Complète cette description avec 'notre' ou 'nos'.

… collège s'appelle le Collège Missy. Il est à La Rochelle. Dans … classe il y a vingt-huit élèves.
Voici … salle d'anglais. … livres d'anglais sont sur la table et … cassettes d'anglais sont près du magnétophone. … professeur d'anglais est très sympathique.

🔊 Au bureau des objets trouvés

Travaillez à deux. Une personne regarde cette page. L'autre personne regarde la page 105.

Personne B
Tu travailles au bureau des objets trouvés. Voilà la liste des objets que vous avez.

> un appareil-photo
> un sac de sport
> deux valises
> trois parapluies
> deux anoraks
> un porte-monnaie
> deux raquettes de tennis
> un ballon de football
> des lunettes de soleil

Ton partenaire demande si tu as leurs choses.

Tu consultes la liste, puis tu réponds.
Exemple:
– Avez-vous notre appareil-photo?
– Voilà votre appareil-photo.

– Avez-vous notre chien?
– Non, nous n'avons pas votre chien.

Activité 7

Comment voyagent-ils?

Complète chaque phrase avec un moyen de transport différent et dessine un symbole pour le moyen de transport choisi.

1 Je vais en France …
2 Nous allons à Paris …
3 Coralie et Sébastien vont à l'école …
4 Les Olivier vont à Dakar …
5 Je vais au collège …
6 Christophe et Jean-Pierre vont en ville …
7 Mireille va à Berlin …
8 Nous allons au Canada …

Cendrillon

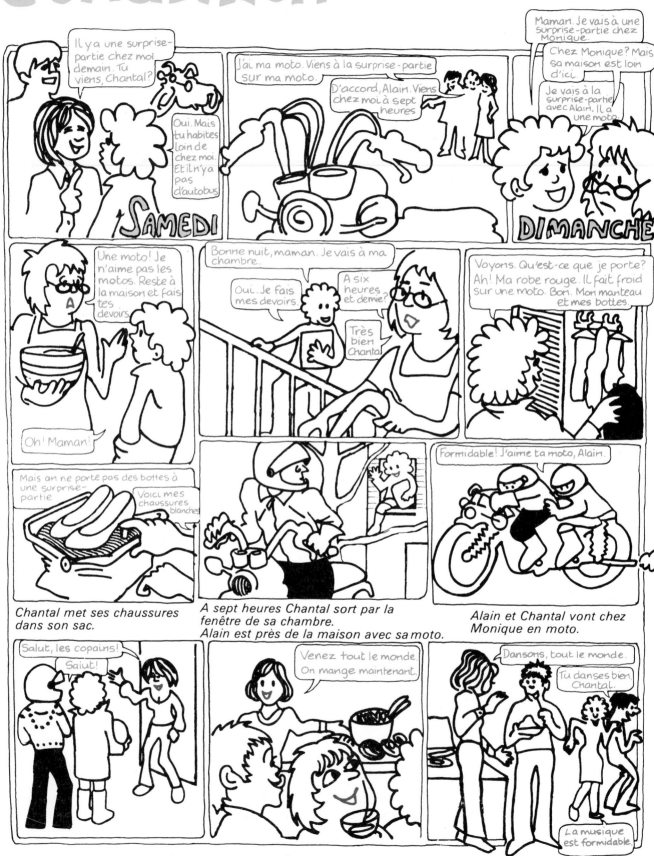

Chantal rentre à la maison sur la moto d'Alain.

LUNDI MATIN

Alain arrive chez Chantal avec sa chaussure.

Le prince Charmant ne reste pas là. Il va au collège.

... JEUX ... JEUX ... JEUX ...

A Vrai ou faux?

1 La surprise-partie de Monique est samedi
2 La mère de Chantal aime les motos.
3 Alain arrive chez Chantal à sept heures du soir, le dimanche.
4 Chantal rentre à la maison à minuit.
5 Lundi matin, Alain arrive à la maison de Chantal.
6 La mère de Chantal pense qu'Alain est charmant.

B Mots croisés

1 Chantal va à la surprise-partie en …
2 Elle retourne à la maison à …
3 A la surprise-partie on … et on mange.
4 Le jour de la surprise-partie est …
5 A la surprise-partie on écoute des …
6 Chantal va à la surprise-partie en moto parce qu'il n'y a pas d' …
7 Elle va à la surprise-partie … Alain.

			m		
			u		
			s		
			i		
			q		
			u		
			e		

C L'histoire de Chantal

Complète l'histoire de Chantal.

Dimanche soir, Chantal va à une surprise-partie. Elle porte une rouge et des blanches.

Alain arrive à sur sa

A la surprise-partie on et on

A Chantal rentre à la maison. Elle entre dans sa chambre par la

Lundi matin, Alain arrive avec la de Chantal. La mère de Chantal n'est pas contente.

Vocabulaire

A il/elle **a** he/she has (from **avoir** see p.86)
à (**au**, **à l'**, **aux**) in, at, to (see p.48)
d' **abord** first, at first
un **abricot** apricot
absent absent, not there
d' **accord** okay, agreed, all right
acheter to buy (see p.78)
une **activité** activity
adorer to adore, love
une **adresse** address
un **aéroport** airport
les **affaires** f pl things
une **affiche** poster
une **agence de voyages** travel agency
un **agenda** diary
agréable pleasant
j **'ai** I have (from **avoir** see p.86)
j'ai ... ans I am ... years old
aider to help
aimer to like
ajouter to add
une **alimentation générale** general food shop
l' **Allemagne** f Germany
aller to go
aller à la pêche to go fishing
allez! come on! (from **aller**)
allez les rouges! come on the reds!
allumer to light
une **allumette** matchstick
alors so, therefore, well
aménagé fitted
un **ami** friend (male)
une **amie** friend (female)
amitiés (at end of letter) best wishes
amusant amusing, enjoyable
amuse-toi bien! have a good time!
un **an** year
anglais English
l' **Angleterre** f England
un **animal** (pl **des animaux**) animal
une **année** year
un **anniversaire** birthday
bon anniversaire! happy birthday
une **annonce** advert
un **anorak** anorak
août August
à l' **appareil** on the phone, speaking
un **appareil-photo** camera
un **appartement** flat
il/elle **appartient à** it belongs to (from **appartenir**)
je m' **appelle ...** my name is ...
il/elle s **appelle** his/her name is ... (from **s'appeler**)
apprendre to learn
après after(wards)
l' **après-midi** m (in the) afternoon(s)
un **aquarium** m aquarium
un **arbre** tree
un **arbre généalogique** family tree
à **arcades** with arcades
une **archiduchesse** archduchess
l' **argent** m money
une **armoire** wardrobe
un **arrêt d'autobus** bus stop
il/elle s' **arrête** (it) stops (from **s'arrêter**)
l' **arrivée** arrival
arriver to arrive
tu **as** you have (from **avoir** see p.86)
assez quite, enough
assieds-toi là! sit down there!
une **assiette** plate
l' **assurance** f insurance
un **atelier** studio
l' **athlétisme** m athletics
attendre to wait (for)
attraper to catch
au in, at, to (see p.48)
une **auberge de jeunesse** youth hostel
au revoir goodbye
aujourd'hui today
aussi also, as well

B un **autobus** bus
en autobus by bus
l' **automne** m autumn
en automne in autumn
autre other
avancez go forward (from **avancer**)
avant before
avec with
vous **avez** you have (from **avoir** see p.86)
avez-vous ... ? have you ... ?
un **avion** plane
(par) en avion by plane
avoir to have (see p.86)
avril April

le **babyfoot** table football
le **badminton** badminton
une **baguette** type of French loaf
un **bal** dance
un **balcon** balcony
un **ballon (de football)** (foot)ball
une **banane** banana
une **bande dessinée** comic strip
une **banque** bank
une **barbe** beard
la **barbe à papa** candyfloss
le **basket** basketball
les **baskets** trainers
une **bataille** battle
un **bateau** boat
un bateau de pêche fishing boat
un bateau à voile yacht
un **bâtiment** building
un **bâton** stick
bats beat (from **battre**)
beau (f **belle**, before vowel **bel**) beautiful
il fait beau the weather is fine
un **beau-frère** step-brother, brother-in-law
beaucoup a lot, very much
beaucoup de many
pas beaucoup not much
la **Belgique** Belgium
une **belle-sœur** step-sister, sister-in-law
un **besoin** need
bête silly
comme tu es bête! what an idiot you are!
le **beurre** butter
une **bibliothèque** library
bien fine, well
c'est très bien it's (that's) fine
ce n'est pas bien that's no good
bien sûr of course
bientôt soon
à bientôt see you soon
la **bière** beer
le **bifteck** steak
une **bijouterie** jeweller's
un **bijoutier** jeweller
un **billet** ticket, bank-note
une **biscotte** toast-like biscuit
un **biscuit** biscuit
blanc (f **blanche**) white
le **blanc d'œuf** egg white
bleu blue
bleu marine navy blue
blond blonde
je **bois** I drink (from **boire**)
une **boisson** drink
elle **boit** she drinks (from **boire**)
elles **boivent** they drink (from **boire**)
une **boîte** box, tin
un **bol** bowl
un **bon** voucher
bon (f **bonne**) good
c'est bon! it tastes good!
bon appétit! polite phrase, said before a meal, meaning 'enjoy your meal'
un **bonbon** sweet
bonjour hello, good morning
bonne idée good idea

bonne nuit goodnight
au **bord de la mer** at the seaside
des **bottes** f pl boots
un **boucher** butcher
une **boucherie** butcher's
un **boulanger** baker
une **boulangerie** bakery, baker's shop
une **bouteille** bottle
bravo! well done!
se **bronzer** to sunbathe, to tan
le **brouillard** fog
il y a du brouillard it's foggy
brun brown
une **bulle** speech bubble, caption
un **bureau** office
un **bureau de tourisme** tourist office

C **ça** that
ça fait ... that makes ...
ça ne fait rien that (it) doesn't matter
ça ne va pas it's no good, things aren't going well
ça va? all right? how are you?
ça y est that's it
une **cabine d'essayage** changing room
cacher to hide
un **cadeau** (pl **des cadeaux**) present
un **café** café
un **café au lait** a cup of coffee with milk
un **café-crème** a cup of coffee with cream
un **café-tabac** café selling tobacco, stamps etc.
une **cage** cage
un **cahier** exercise book
une **caisse** cash desk, checkout
une **calculatrice** calculator
une **caméra** TV camera, ciné camera
la **campagne** country, countryside
à la campagne in the country
un **camping** campsite
faire du camping to go camping
une **cantine** dining hall, canteen
un **car** coach
une **carotte** carrot
un **cartable** school bag
une **carte** card, map
jouer aux cartes to play cards
une **carte postale** postcard
une **case** printed box (on form or grid)
un **casque** helmet
se **casser** to break
elle s'est cassé la jambe she's broken her leg
une **cassette** cassette
au **cassis** blackcurrant flavoured
une **cathédrale** cathedral
un **CD** CD, compact disc
ce (**cet**, **cette**, **ces**) this, that (see p.93)
une **ceinture** belt
c'est it is
c'est vrai? really
ce n'est pas it's not
ce qui se passe à ... what's happening at ...
ce sont they are, these are
cela that
Cendrillon Cinderella
cent (one) hundred
le **centre** centre
le **centre-ville** town centre
des **céréales** cereal
ces these, those (see p.93)
cet (**cette**) this, that (see p.93)
une **chaise** chair
une **chambre** bedroom
chance, avoir de la – to be lucky
changer to change
une **chanson** song
le **chant folklorique** folk singing
chanter to sing
un **chanteur** (f **une chanteuse**) singer

un **chapeau** hat
chaque each, every
un **char** tank
une **charcuterie** shop which sells pork, cooked meat and prepared dishes, salads etc.
un **charcutier** pork butcher
chasser to chase
un **chat** cat
un **château** castle
un **chaton** kitten
une **chatte** female cat
il fait **chaud** it's hot
j'ai **chaud** I'm hot
des **chaussettes** f pl socks
des **chaussures** f pl shoes
des **chaussures de sport** f pl trainers
un **chemin** way, path
une **cheminée** chimney, fireplace
une **chemise** shirt
un **chemisier** blouse
cher (f **chère**) dear ... (beginning of letter), expensive
chercher to look for
un **cheval** (pl des **chevaux**) horse
les **cheveux** hair
chez at, to (someone's house)
chez Marc at Marc's house
chez moi at home
chez toi to/at your house
un **chien** dog
des **chips** crisps
le **chocolat** chocolate
en chocolat made of chocolate
un **chocolat chaud** hot chocolate drink
un **choix** choice, selection
au choix choice of ...
un grand choix a large selection
une **chose** thing
quelque chose something
un **chou** cabbage
chouette! great!
un **chou-fleur** cauliflower
chrétien(ne) Christian
le **ciel** sky
un **cinéma** cinema
cinq five
cinquante fifty
la **circulation** traffic
un **cirque** circus
un **citron** lemon
au citron lemon flavoured
une **citrouille** pumpkin
clair light
bleu clair light blue
une **classe** class
en classe in class
un **classeur** file, ring binder
une **clinique** hospital
une **cloche** bell
classique classical
un **club** club
un club des jeunes youth club
le **coca** coca cola, coke
un **cochon d'Inde** guinea pig
une **coche** mark, tick
un **collant** pair of tights
un **collège** school for students aged 11-16 approx.
un **collier** collar
colorié coloured
combien (de)? how many, how much?
c'est **combien?** how much is it?
le **combien sommes-nous?** what's the date?
comme as, like
comme il fait chaud! how hot it is!
commencer to begin
comment? what? pardon?
comment s'appelle-t-il/elle? what's his/her name?
comment tu t'appelles? what's your name?
comprendre to understand

un **comptoir** counter
un **concert** concert
un(e) **concierge** caretaker (in block of flats)
un **concours** competition
un **conducteur** (f une **conductrice**) driver
confortable comfortable
la **confiture** jam
congé leave
un jour de congé day off
la **connaissance** knowledge, aquaintance
connu well-known
content happy
vous **continuez** you continue (from **continuer**)
contre against
les **coordonnées** address and telephone number
un **copain** friend (male)
une **copine** friend (female)
un(e) **correspondant(e)** penfriend
à côté de next to
une **côte** coast
le **coton** cotton
une **couleur** colour
un **coup de téléphone** telephone call
couper to cut
un **cours** class, lesson
courses, faire des – to go shopping
court short
ça **coûte** that costs (from **coûter**)
couvert covered, indoor
une **cravate** tie
un **crayon** pencil
une **crémerie** dairy, cheese shop
une **crêpe** pancake
le **cricket** cricket
critiquer to criticise
je ne **crois pas** I don't think so
un **croissant** croissant (crescent-shaped roll)
un **croque-monsieur** toasted sandwich with ham and cheese
une **cuillerée** spoonful
une **cuisine** kitchen
curieux (f **curieuse**) strange, odd
le **cyclisme** cycling

D

d'abord at first, first of all
d'accord okay, all right
dans in, on
la **danse** dance, dancing
danser to dance
une **date** date
de of, from
débarasser to clear away
être **debout** to be (standing) up
décembre December
découvrir to discover
décrire to describe
un **défilé** procession
déguisé(e) in fancy dress
le **déjeuner** lunch
le petit déjeuner breakfast
délicieux (f **délicieuse**) delicious
demain tomorrow
à demain see you tomorrow
demi half
un **demi-frère** half brother
une **demi-heure** half an hour
une **demi-sœur** half sister
un **dépliant** leaflet
derrière behind
des some (see p. 66)
vous **descendez** you go down (from **descendre**)
ils/elles **descendent de l'autobus** they get off the bus (from **descendre**)
vous **désirez?** what would you like? (from **désirer**)
désolé very sorry
un **dessert** dessert, sweet
un **dessin** sketch, drawing
dessiner to draw

un **dessinateur** (f une **dessinatrice**) designer
dessus on (it), above
détester to hate
deux two
nous deux the two of us
deuxième second
devant in front of
les **devoirs** m pl homework
deviner to guess
un(e) **diététicien(ne)** dietician
mon **Dieu!** my goodness!
difficile difficult
le **dimanche** (on) Sunday(s)
une **dinde** turkey
on **dîne** they have dinner (from **dîner**)
un **dîner** dinner
dire to say
directement directly
une **discothèque** discotheque
en disco to a disco
un **disque** record
une **distraction** leisure activity
dix ten
dix-huit eighteen
dix-neuf nineteen
dix-sept seventeen
dodo sleep
il/elle **doit deviner** he/she has to guess
dominos, jouer aux – to play dominoes
donc therefore
donner to give
donner à manger to feed
donnez-moi ... give me ...
Douvres Dover
une **douzaine** a dozen
douze twelve
un **drapeau** flag
à droite on the right
drôle funny
du of the, in the
du (de la, de l', des) some (see p.66)

E

l' **eau** water
l'eau bouillante boiling water
l'eau minérale mineral water
une **écharpe** scarf
échecs, jouer aux – to play chess
une **échelle** ladder
un **éclair** eclair (type of cake)
une **école** school
une école primaire school for students aged 6-11
écouter to listen to
tu ne m'écoutes pas! you're not listening to me!
écrire to write
écris-moi bientôt write soon
l' **Ecosse** Scotland
Edimbourg Edinburgh
une **église** church
un **électrophone** record player
un **éléphant** elephant
un(e) **élève** pupil, student
elle she, it, her
elles they (feminine form)
un **embouteillage** traffic jam
une **émission** broadcast, programme
un(e) **employé(e)** employee, worker
un(e) employé(e) de banque bank worker
un(e) employé(e) de bureau office worker
en in
en ville in town
encore more, again
un **endroit** place
en effet in fact
un **enfant** child
enfin finally, at last
énorme huge
une **enquête** enquiry, survey
enregistrer to record
l' **enseignement** education, instruction

ensemble together
ensuite next
entendre to hear
l' **entraînement** training (session)
entre between
une **entrée** f entrance, fee
entrer to enter
environ about
envoyer to send
une **épicerie** grocer's shop
un **épicier** grocer
une **équipe** team
l' **équitation** horse riding
une **erreur** mistake
tu **es** you are *(from **être** see p.56)*
l' **Espagne** f Spain
essayer to try (on)
est is *(from **être** see p.56)*
est-ce que ... ? question form *(see p.23)*
est-ce qu'il y a ... ? is there ... ?
est-ce que je peux ... ? can I ... ?
may I ... ?
et and
un **étage** floor, storey
un **état** state, condition
en bon état in good condition
l' **été** m summer
en été in summer
etpatati etpatata yap, yap
étranger foreign
être to be
eux them
un **événement** event
un **examen de mathématiques** maths exam
une **excursion** excursion
par **exemple** for example
un **extrait** extract
extraordinaire extraordinary

F en **face (de)** opposite
j'ai **faim** I'm hungry
faire to do, make, go
faire du camping to go camping
faire des courses to go shopping
faire mes devoirs to do my homework
faire de l'équitation to go horse riding
faire de la gymnastique to do gymnastics
faire la lessive to do the washing
faire de la planche à voile to go windsurfing
faire une promenade to go for a walk
faire du ski to go skiing
faire le total to add up, to total
faire un tour à vélo to go for a bike ride
faire les valises to pack
faire du vélo to go cycling
faire de la voile to go sailing
il **fait** he is making *(from **faire** see p.102)*
il fait beau it's fine weather
il fait chaud it's hot
il fait froid it's cold
il fait mauvais it's bad weather
il fait soleil it's sunny
il fait du vent it's windy
vous **faites** you do *(from **faire** see p.102)*
une **famille (nombreuse)** (large) family
fantaisie fancy, fun
fantastique fantastic
un **fantôme** ghost
fatigant tiring
fatigué(e) tired
il **faut payer** you have to pay
il ne **faut pas manquer ça** you mustn't miss that
faux *(f **fausse**)* false, wrong
un **favori** favourite
félicitations! congratulations!

une **femme** woman, wife
une **fenêtre** window
jour **férié** public holiday
une **ferme** farm
fermé closed
fermer to close
une **fête** Saint's day, festival
une **fête foraine** fair
la **fête nationale** Bastille day (14th July)
fêter to celebrate
une **feuille** piece of paper, leaf
février February
une **fille** girl, daughter
un **film** film
un **fils** son
la **fin** end
finalement finally
c'est **fini** it's finished
une **fleur** flower
le **flipper** pinball machine
une **flûte** flute
une **fois** once
chaque fois each time
une fois par mois once a month
trois fois three times
foncé dark
gris foncé dark grey
ils/elles **font** they do, make *(from **faire** see p.102)*
le **football** football
formidable terrific
une **fraise** strawberry
la **France** France
français French
un **frère** brother
frisés (cheveux –) curly (hair)
les **frites** chips
froid cold
il fait froid it's cold
le **fromage** cheese
un **fruit** fruit

G un(e) **gagnant(e)** winner
gagner to win
une **galette** large cake
la galette des rois special cake for Epiphany (6th January)
des **gants** m pl gloves
un **garage** garage
un **garçon** boy
une **gare** station
une **gare routière** bus and coach station
un **gâteau** *(pl **des gâteaux**)* cake
à **gauche** on the left
une **gaufre** waffle
un **géant** giant
génial brilliant
gentil kind
une **gerbille** gerbil
un **gilet** waistcoat
une **glace** ice cream
le **golf** golf
une **gomme** rubber
le **goûter** tea
une **gramme** gram
grand big
une **grand-mère** grandmother
les **grands-parents** grandparents
un **grand-père** grandfather
gratuit free
gris grey
gros *(f **grosse**)* large, fat
un **groupe** group
une **guitare** guitar
la **gymnastique** gymnastics

H un **habitant** inhabitant
habiter to live in or at
d' **habitude** usually
un **hamster** hamster
les **haricots verts** m pl green beans
un **harmonica** harmonica
haute technologie high tech
hélas! alas!
une **heure** time, hour

une **demi-heure** half an hour
un **quart d'heure** a quarter of an hour
à (trois) heures at (three) o'clock
quelle heure est-il? what time is it?
une **histoire** story
historique historical
l' **hiver** winter
en hiver in winter
un **homme** man
un **hôpital** hospital
un **horaire** timetable
horaire d'ouverture opening hours
les horaires de travail working hours
horizontalement across
une **horloge** clock
un **hors d'œuvre** first course, hors d'œuvre
un **hôtel** hotel
un **hôtel de ville** town hall
l' **huile** f oil
huit eight

I **ici** here
idéal(e) ideal
une **idée** idea
il he, it
il y a there is, there are
ils they *(masculine form)*
une **île** island
illimité unlimited
illustré illustrated
en **images** in pictures
un **imperméable** raincoat
imper *(short for **imperméable**)*
impoli impolite, bad mannered
important important
l' **informatique** computing, information technology
un **infirmier** *(f une **infirmière**)* nurse
les **ingrédients** m pl ingredients
inquiet *(f **inquiète**)* anxious, concerned
un **instrument (de musique)** musical instrument
intéressant interesting
une **interview** interview
interviewer to interview
inviter to invite
l' **Irlande** Ireland
l' **Italie** Italy

J la **jambe** leg
le **jambon** ham
janvier January
un **jardin** garden
jaune yellow, tan
le **jaune d'œuf** egg yolk
je I
un **jean** pair of jeans
un **jeu** *(pl **jeux**)* game
un jeu informatique computer game
un jeu de société board game or card game (for two or more players)
le **jeudi** (on) Thursday(s)
jeune young
un **jogging** tracksuit
joli pretty
jouer to play
un **jouet** toy
un **jour** day *(un jour ... one day ...)*
le **jour de l'an** New Year's Day
une **journée** day
juillet July
juin June
des **jumeaux** *(f **des jumelles**)* twins
une **jupe** skirt
un **jus de fruit** fruit juice
jusqu'à until, as far as

K un **kilo** kilogram
 un **demi-kilo** half a kilogram
un **kilomètre** kilometre

L **là** there
 là-bas over there
un **lac** lake
la **laine** wool
 laisser to leave
le **lait** milk
un **lapin** rabbit
un **lave-mains** vanity unit
le *(f* la, *pl* les) the
la **lecture** reading
une **légende** key (to symbols)
un **légume** vegetable
une **lettre** letter
 leur *(pl* leurs) their *(see p.96)*
 lève-toi!/ get up
 levez-vous! get up!
 libre free
 libre-service self-service
un **lieu** place
 lieu du match match held at ...
 lieu du spectacle show on at ...
 lieu de travail place of work
la **limonade** lemonade
une **liste** list
un **lit** bed
un **litre de** a litre of
un **livre** book
une **livre (de)** a nound (of), pound sterling
 livrer to deliver
 loin a long way
les **loisirs** leisure
 Londres London
 long *(f* longue) long
 louer to hire, rent
 lui him
une **lumière** light
le **lundi** (on) Monday(s)
les **lunettes** *f pl* glasses
un **lycée** school for students aged 15 and over

M **ma** my *(see p.58)*
une **machine (à laver)** (washing) machine
 madame *(pl* mesdames) Mrs, madam
 mademoiselle *(pl* mesdemoiselles) Miss
un **magasin** shop
un **magnétophone** tape recorder
un **magnétoscope** video recorder
 magnifique magnificent, great
 mai May
un **maillot de bain** swimming costume
une **main** hand
 maintenant now
 mais but
une **maison** house
 à la maison at home, home
 mal bad
une **maladie** illness
un **mâle** male
 maman mum
 Mamie Granny, Grandma
la **Manche** English Channel
 manger to eat
 j'en ai assez mangé I've eaten enough
un **mannequin** model
 manquer to miss
un **manteau** coat
une **maquette** model
un **marchand** shopkeeper
 un marchand de glaces ice-cream seller
un **marché** market
 marcher to work (of a machine etc.), to walk
le **mardi** (on) Tuesday(s)
 mardi gras Shrove Tuesday

un **mariage** wedding, marriage
 marron *(doesn't change form)* brown
 mars March
un **match** match
le **matériel** equipment
le **matin** (in the) morning
une **matinée** morning
 mauvais bad
 il fait mauvais the weather is bad
 mécanique mechanical
 méchant nasty, naughty, fierce
 les méchantes sœurs ugly sisters (from Cinderella)
mes **meilleur(e)s ami(e)s** my best friends
 mélanger to mix
un **melon** melon
 même same, even
le **menu du jour** today's menu
un **menuisier** joiner
la **mer** sea
 au bord de la mer at the seaside
 merci (beaucoup) thank you (very much)
 mercredi Wednesday
une **mère** mother
 mes my *(see p.58)*
 mettre to put, to put on *(see p. 91)*
 midi midday
le **miel** honey
 mignon sweet
un **milliardaire** millionaire
des **milliers** thousands
le **Minitel** videotext terminal linked by PTT
 minuit midnight
une **minute** minute
la **mode** fashion
 à la mode in fashion
un **modèle réduit** scale model
 moi me
 moins less
un **mois** month
au **mois de ...** in the month of ...
 moment, pour le – for the moment
 mon my *(see p.58)*
la **monnaie** change
 Monsieur *(pl* Messieurs) Mr, sir
un **monsieur** gentleman
une **montagne** mountain
 monter to climb up, get on, go up
une **montre** watch
un **morceau** piece
un **mot** word
un **motif** pattern, motif
 sans motif plain
une **moto** motorbike
 en moto by motorbike
les **mots croisés** crossword
une **moustache** moustache
la **moutarde** mustard
un **mouton** sheep
 moyen medium, means
un **moyen de transport** means of transport
au **mur** on the wall
un **musée** museum
un(e) **musicien(ne)** musician
la **musique** music
 musulman(e) Muslim

N **n' ... pas** not *(before a vowel)*
 nager to swim
la **natation** swimming
 naturellement naturally
 ne ... pas not
 il neige it's snowing
 n'est-ce pas? isn't it? don't you?
 neuf nine
une **nièce** niece
un **niveau** level
 Noël Christmas
 noir black
aux **noisettes** with nuts
un **nom** name
 non no

le **nord** north
 notre *(pl* nos) our *(see p.104)*
la **nourriture** food, feeding time
 nous we, us
 nouveau *(f* nouvelle) new
 nouvel *(before masculine noun beginning with a vowel)* new
 novembre November
un **numéro** number

O **octobre** October
un **œuf** egg
 des œufs au bacon eggs and bacon
 des œufs mayonnaise eggs in mayonnaise
on m'a **offert** I was given
un **office de tourisme** tourist office
une **offre d'emploi** job vacancy
un **oignon** onion
un **oiseau** *(pl* oiseaux) bird
une **omelette** omelette
 on one, we
 on y va? shall we go?
ils/elles **ont** they have *(from* avoir *see p.86)*
 onze eleven
une **orange** orange
une **orangeade** orangeade
un **ordinateur** computer
 organiser to organise
 ou or
 où where
 oublier to forget
l' **ouest** west
 oui yes
 ouvert open
il/elle **ouvre** he/she opens *(from* ouvrir*)*
ils/elles **ouvrent** they open *(from* ouvrir*)*
 ouvrez open *(from* ouvrir*)*
nous **ouvrons** we open *(from* ouvrir*)*

P le **pain** bread
 un pain au chocolat bread roll with chocolate inside
une **paire de ...** a pair of ...
un **panier** basket
un **pantalon** pair of trousers
 papa dad
une **papeterie** stationer's
 Pâques Easter
un **paquet de ...** a packet of ...
 par by
un **parapluie** umbrella
un **parasol** sunshade
un **paravent** draught screen
un **parc** park
 parce que because
 pardon excuse me
un **pare-brise** windscreen
un **pare-choc** car bumper
un **pare-étincelles** fireguard
les **parents** parents
 paresseux lazy
un **parfum** flavour, perfume
une **parfumerie** perfume shop
un **parking** car park
 parler to talk, to speak
les **paroles** *f pl* words
je **pars** I leave *(from* partir*)*
il **part** it leaves *(from* partir*)*
 partager to share
une **partie** a part of
 à partir de ... heures from ... o'clock
 partout everywhere
un **pas** step
ne ... **pas** not
 pas beaucoup not much
 pas ici not here
 pas mal not bad
un **passage à niveau** level crossing
un **passeport** passport
 passer to spend, to pass
 passer à la télévision to be on television
 passez un tour miss a turn
le **pâté** meat paste, pâté

une **patinoire** ice rink
une **pâtisserie** cake shop, confectioner's
un **patron** owner
pauvre poor
payer to pay
le **Pays de Galles** Wales
une **pêche** peach
la **pêche** fishing
    aller à la pêche to go fishing
la **peinture** painting
une **pelle** spade
pendant during, for
je **pense à quelque chose** I am
    thinking of or about something
    (from **penser***)*
perdu lost *(from* **perdre***)*
un **père** father
    le **Père Noël** Father Christmas
un **perroquet** parrot
une **perruche** budgerigar, parakeet
un **personnage** character
petit small
le **petit déjeuner** breakfast
un **petit-enfant** grandchild
des **petits** young (animals etc.)
les **petits pois** peas
un **peu** a little
peu à peu gradually
peut-être perhaps
on **peut** you (one) can
peux, est-ce que je – ? can I?
tu **peux ... ?** can you ... ?
une **phoque** seal
une **photo** photo
une **phrase** sentence
un **piano** piano
une **pièce** coin, room
à **pied** on foot
le **ping-pong** table tennis
un **pique-nique** picnic
une **piscine** swimming pool
pittoresque picturesque
une **pizza** pizza
une **place** square
une **plage** beach
un **plan de la ville** street plan
la **planche à voile** windsurfing
un **plancher** floor
une **plante** plant
un **plat** dish
    le **plat principal** main course,
    dish
une **platine-laser** CD player
en **plein air** open-air
il **pleut** it's raining
plie fold *(from* **plier***)*
la **pluie** rain
un **pneu crevé** puncture
une **poche** pocket
un **point** point
une **poire** pear
un **poisson** fish
    poisson d'avril April Fool
    un poisson rouge goldfish
une **poissonnerie** fishmonger's
un **poissonnier** *(f* **poissonnière***)*
    fishmonger
le **poivre** pepper
la **police** police
une **pomme** apple
une **pomme de terre** potato
un **pont** bridge
le **porc** pork
un **port** port
une **porte** door
un **porte-monnaie** purse
porter to wear
une **portion de** a portion of
poser une question to ask a
    question
la **poste** post office
un **pot au feu** stew
un **potage** soup
    le **potage du jour** soup of the day
une **poule** hen
le **poulet** chicken

pour in order to, for
pourquoi? why?
pousser to push
préféré favourite
préférer to prefer
premier *(f* **première***)* first
prendre to take, have *(see p.75)*
un **prénom** first name, forename
préparer to prepare
près de near
présenter to present
presque almost, nearly
prêt ready
le **prêt de** loan of
prévu foreseen *(from* **prévoir***)*
le **prince Charmant** Prince Charming
le **printemps** Spring
    au printemps in Spring
principale, la place – main square
un **prix** price, prize
prochain next
    mercredi prochain next
    Wednesday
    la semaine prochaine next week
un **professeur** teacher
un **projet** plan
une **promenade** walk, excursion
des **provisions** *f pl* provisions, groceries
puis then, next
un **pull** pullover
un **puzzle** jigsaw
un **pyjama** pair of pyjamas

Q

quand when
quand même all the same
quarante forty
un **quartier** district, locality
quatorze fourteen
quatre four
que ... ? what ... ?
quel *(f* **quelle***)* what? which?
    quel âge as-tu? how old are you?
    quel désordre! what a mess!
    quel parfum? which flavour?
    quel temps fait-il? what's the
    weather like?
    de quelle couleur est-il? what
    colour is it (he)?
    quelle heure est-il? what time is
    it?
    quelle journée! what a day!
quelque chose something
quelquefois sometimes
quelques jours a few days
qu'est-ce que ça veut dire? what
does that mean?
qu'est-ce que c'est? what is it?
qu'est-ce que tu fais? what are you
doing?
qu'est-ce que tu veux? what do
you want?
qu'est-ce que vous voulez? what
do you want?
qu'est-ce qu'il y a? what is there?
what is the matter?
qu'est-ce qu'on t'a offert? what
were you given?
qui who
qui est-ce? who is it?
une **quiche lorraine** egg and bacon flan
un **quincailler** ironmonger
quinze fifteen
    quinze jours fortnight
quitter to leave
quoi! what!

R

raconter to tell, talk about
une **radio** radio
un **raisin** grape
une **raquette de tennis** tennis racket
un **rayon (des vêtements)** (clothing)
    department
une **recette** recipe
rechercher to search for
une **récolte** harvest
reconnaître to recognise

la **recréation** break
reculez go back *(from* **reculer***)*
regarder to watch, look at
une **règle** ruler, rule
je **regrette** I'm sorry *(from* **regretter***)*
les **remontées mécaniques** ski lifts
remplacer to replace
remplir to fill, fill in
rencontrer to meet
la **rentrée** return to school
rentrer to return
un **repas** meal
répondre to reply
une **réponse** reply, answer
le **RER** **(Réseau Express Régional)**
    suburban express train service in
    Paris
un **restaurant** restaurant
rester (à la maison) to stay (at
    home)
les **résultats** results
en **retard** late
une **retenue** detention
retourner to return
au **revoir** goodbye
riche rich
de **rien** it's nothing, think nothing of it
rien de spécial nothing much
rire to laugh
une **robe** dress
les **Rochelais** people who live in La
    Rochelle
un **roi** king
rose pink
rond(e) round
rouge red
rouler to go (of a car or vehicle), roll
une **route** road
roux auburn, red (used for hair
    colour)
une **rue** street
le **rugby** rugby

S

sa his, her, its *(see p.90)*
un **sac** bag
    un sac à dos rucksack
    un sac banane bumbag
sage good
je ne **sais pas** I don't know *(from* **savoir***)*
une **saison** season
la **Saint Sylvestre** New Year's Eve
une **salade (verte)** lettuce, (green) salad
    salade niçoise rice salad with
    peppers, olives, tomatoes etc.
le **salami** salami
une **salle de bains** bathroom
une **salle de classe** classroom
une **salle à manger** dining room
un **salon** lounge, sitting room
salut! hello, hi
le **samedi** (on) Saturday(s)
les **sandales** *f pl* sandals
un **sandwich** sandwich
sans without
une **sardine** sardine
une **sauce vinaigrette** French dressing
un **saucisson** continental spicy
    sausage
sauf except
sauter to jump
savoir to know
la **scène** setting, scene
scolaire to do with school
    période scolaire school term
    time
    vacances scolaires school holiday
sec *(f* **sèche***)* dry
seize sixteen
le **sel** salt
une **semaine** week
séparer to separate
sept seven
septembre September
sers-toi! help yourself
seul alone
seulement only

un short pair of shorts
si if, yes
s'il te plaît/s'il vous plaît please
simple easy
sinon otherwise
le sirop fruit syrup (to dilute)
situé situated
six six
un skate skateboard
le ski (nautique) (water) skiing
un snack snack (bar)
une société d'assurances insurance company
une sœur sister
un sofa sofa, settee
le soir (in the) evening(s)
soixante sixty
soixante-dix seventy
des soldes sale bargains
le soleil sun
il y a du soleil it's sunny
nous sommes we are (from **être** see p.56)
son his, her, its (see p.90)
un sondage survey, opinion poll
sonner to ring
ils/elles sont they are (from **être** see p.56)
elle sort she goes out (from **sortir**)
sortir to go out
soudain suddenly
souligné underlined
le souper supper
une souris mouse
sous under
souvent often
un spectacle show
le sport sport
sportif (f **sportive**) fond of sports
les sports d'hiver m pl winter sports
un stade stadium
un stage course
une station (de radio) (radio) station
un studio bedsit, one room flat
un stylo pen
une sucette lollipop
le sucre sugar
un sucrier sugar bowl
le sud south
je suis I am (from **être** see p.56)
la Suisse Switzerland
un supermarché supermarket
sur on
une surprise-partie party
surtout above all
un sweat-shirt sweatshirt
sympathique nice
un Syndicat d'Initiative tourist office

T

ta your (see p.59)
un tabac tobacconist's
le tabac tobacco
une table table
une table de snooker snooker table
un tableau board, picture, table in a book
un tablier apron
une taille size
c'est quelle taille? what size?
tais-toi!/taisez-vous! be quiet!
une tante aunt
une tarentule tarantula spider
une tarte tart
une tartine piece of bread and butter and/or jam
un taxi taxi
en taxi by taxi
à la télé on TV
téléphoner to telephone
une télévision (la télé) television (TV)
le temps weather, time
avoir le temps to have time
le tennis tennis
le tennis de table table tennis
les tennis tennis shoes
une tente tent

terminer to end
tes your (see p.59)
le thé tea
un thé au citron lemon tea
un théâtre theatre
faire du théâtre to do drama
tiens! hey, look!
un timbre stamp
ils/elles tirent they pull, they shoot (from **tirer**)
le tir à l'arc archery
une titre title, heading
toi you
un toit roof
une tomate tomato
ton your (see p.59)
une tortue tortoise
toujours still, always
une tour tower
un tour turn (in game)
tournez turn (from **tourner**)
la Toussaint All Saint's day and Autumn half-term holiday
tous all
tous les jours every day
tout everything
en tout in all
c'est tout that's all
le tout the lot
à tout à l'heure see you later
tout de suite straight away, immediately
tout droit straight ahead
tout le monde everyone
tout le temps all the time
tout près very near
un train train
une tranche slice
au travail! down to work!
travailler to work
traverser to cross
treize thirteen
trente thirty
très very
un tricot jumper (or anything knitted)
trois three
troisième third
une trompette trumpet
trop ... too ...
une trousse pencil case
trouver to find
se trouver to be situated
un T-shirt T-shirt
tu you (familiar form) (see p.21)
typique typical

U

un (une) a, one
un uniforme uniform
unique only
use wear out (of shoes) (from **user**)

V

va goes (from **aller** see p.49)
il va bien avec (la veste) it goes well with (the jacket)
ça te va bien it suits/fits you
en vacances on holiday
les grandes vacances summer holidays
je vais I go (from **aller** see p.49)
une valise suitcase
valises, faire les – to pack
à la vanille vanilla flavoured
les variétés variety programmes
végétarien(ne) vegetarian
un vélo bicycle
(à) en vélo by bike
un vélomoteur moped
(à) en vélomoteur by moped
en velours velvet
un vendeur (une vendeuse) shop assistant
on vend they're selling (from **vendre** see p.84)
vendre to sell
à vendre for sale
le vendredi (on) Friday(s)

venez voir come and see
venir to come
le vent wind
il y a du vent it's windy
une vente sale
un verre glass
vert green
verticalement down
une veste jacket
les vêtements m pl clothes
qui veut ... ? who wants ... ? (from **vouloir**)
je veux I want (from **vouloir**)
je veux bien I'd like to
tu veux ... ? do you want ... ? (from **vouloir**)
la viande meat
viens come here (from **venir**)
vieux (f **vieille**) old
un village village
une ville town
en ville in (to) town
le vin wine
vingt twenty
un violon violin
une visite guidée guided tour
visiter to visit
vite quickly
la vitesse speed
vive les vacances! long live the holidays!
voici here is, here are
voilà there is, there are
la voile sailing
voir to see
une voiture car
en voiture by car
un voleur thief
au voleur! stop thief!
le volley volleyball
elles vont they go (from **aller** see p.49)
votre (pl **vos**) your (see p.104)
je voudrais I'd like
vous you (polite form) (see p.21)
un voyage journey
voyager to travel
un voyageur (une voyageuse) traveller
voyons let's see (from **voir**)
vrai true
vraiment really
une vue view

W

un walkman walkman
le weekend (at the) weekend

Y

y there
un yaourt yoghurt
les yeux m pl eyes

Z

zéro zero
un zoo zoo
zut! blast!

En classe

What your teacher may say

In general

Apporte/Apportez-moi ...	Bring me
Assieds-toi/ Asseyez-vous	Sit down
Ça s'écrit comment?/	
Comment ça s'écrit?	How do you spell it?
Chantez	Sing
Combien?	How many?
Commencez	Begin
Compte/Comptez	Count
Donne/Donnez-moi	Give me
Ecoutez bien	Listen carefully
Ecris ça au tableau	Write that on the board
Efface/Effacez	Rub out
Encore une fois	Once more
Essaie/Essayez	Try
Essuie le tableau	Clean the board
Es-tu/Etes-vous prêt(s)?	Are you ready?
Fais voir ton travail/ ton cahier	Show me your work/ your book
Dessine/Dessinez	Draw
Devine/Devinez	Guess
Qu'est-ce que tu veux?	What do you want?
Qu'est-ce qu'il y a?	What's the matter?
Qui veut commencer?	Who wants to begin?
Répète/Répétez	Repeat
Retourne à ta place/ Retournez à vos places	Go back to your places
Tourne/Tournez à la page ...	Turn to page ...
Travaillez en groupes	Work in groups
Tu comprends/Vous comprenez?	Do you understand?
Tu as compris/Vous avez compris?	Did you understand?
Tu as fini/Vous avez fini?	Have you finished?
Viens/venez ici	Come here

When using equipment

Allume l'ordinateur/ le projecteur	Switch on the computer/ the projector
Eteins l'ordinateur/ le projecteur	Switch off the computer/ the projector
Va chercher/Allez chercher le magnétophone	Get the tape recorder
Fais marcher le magnétophone	Switch on the tape recorder
Range/Rangez le magnétophone	Put the tape recorder away
Distribue/Distribuez les cahiers/les livres	Give out the exercise books/books

When playing games

Mélange/Mélangez les cartes	Mix up the cards
On va faire deux équipes	We're going to make two teams
On va faire un jeu	We're going to play a game

When commenting on what you say or write

Bien	Good
Très bien	Very good
C'est ça	That's right
C'est correct	That's correct
Ce n'est pas correct	That's not right
Pas tout à fait	Not quite

What you may want to ask your teacher

Ça s'écrit comment?	How do you spell that?
Comment dit-on en français 'pencil'?	How do you say 'pencil' in French?
Est-ce que je peux ... ?	Can I ... ?
aller aux toilettes	go to the toilet
avoir un livre	have a book
avoir une feuille	have a piece of paper
travailler avec X	work with X
Je ne comprends pas	I don't understand
Je ne comprends pas le mot 'Tricolore'	I don't understand the word 'Tricolore'
Qu'est-ce que ça veut dire?	What does that mean?

Useful phrases for working together

C'est ton tour	It's your turn
C'est à qui le tour?	Whose turn is it?
Qui commence?	Who's starting?
Tu as gagné	You've won

Instructions in the Students' Book

A quoi pensent-ils? — What are they thinking of?
A toi de les identifier — It's up to you to identify them
Apprends les mots avec un(e) ami(e) — Learn the words with a friend
Arrange les questions en ordre — Put the questions in order
C'est à qui? — Whose is it? Who does it belong to?
Ce n'est pas facile — It's not easy
Chantez — Sing
Chaque fois — Each time
Choisis — Choose
Choisis des mots dans la case pour remplacer des mots soulignés — Choose from the words in the box to replace the words underlined
Choisis des parties du verbe ... pour compléter la conversation — Choose part of the verb ... to complete the conversation
Choisis la bonne bulle pour chaque image — Choose the correct speech bubble/caption for each picture
Combien? — How many?
Combien de phrases correctes peux-tu faire? — How many correct sentences can you make?
Complète les phrases/ la description/le dessin/ les mots croisés — Complete the sentences/ the description/the drawing/the crossword
Consulte le tableau — Consult the table
Copie — Copy
Corrige les phrases qui sont fausses — Correct the sentences that are wrong
D'abord — First of all
Décide qui parle — Decide who is speaking
Décris — Describe
Dessine — Draw
Devine — Guess
Dis cette phrase à toute vitesse — Say this sentence very quickly
Dis pourquoi — Say why
Ecoute la cassette — Listen to the cassette
Ecris ces mots correctement — Write these words correctly
Ecris le numéro — Write the number
Ecris une liste — Write a list
Ecris une petite description/ lettre/histoire — Write a short description/ letter/story
Est-ce que tu peux les identifier? — Can you identify them?
Fais les activités en bas — Do the activities below
Fais/Faites le jeu à la page 00 /encore une/deux fois — Play the game on page 00 /again/twice more
Fais un sondage — Carry out a survey
Gagne un point — Win a point
Invente un jeu/des phrases/ une convérsation — Make up a game/ sentences/a conversation

Jouez en groupes — Play in groups
La première personne ... a gagné — The first person ... has won
Lis la description/les mots/ les phrases/l'histoire — Read the description/the words/the sentences/ the story
Mets la bulle qui convient à chaque image — Put the right caption with each picture
Mets la conversation/les phrases en ordre — Put the conversation/the sentences in order
Note les réponses — Note the answers/replies
Peux-tu identifier la description correcte pour chaque photo? — Can you identify the correct description for each photo?
Plie la feuille — Fold the paper
Pose des questions — Ask questions
Pour découvrir la réponse ... — To find the answer ...
Qu'est-ce que c'est? — What is it?
Qu'est-ce qu'ils disent? — What are they saying?
Quel mot ne va pas avec les autres? — Which word is the odd one out?
Quelle est la réponse correcte? — Which is the correct answer?
Quelles sont les questions les plus populaires? — Which are the most popular questions?
Quelles sont les différences? — What are the differences?
Qui est-ce? — Who is it?
Qui parle? — Who is speaking?
Regarde bien la page ... — Look carefully at page ...
Regarde les images/ les dessins — Look at the pictures/ drawings
Regarde les mots dans le tableau — Look at the words in the box
Remplis les cases avec ces mots — Fill in the boxes with these words
Réponds/Répondez aux questions — Answer the questions
Réponds pour ces personnes — Answer for these people
Sans regarder la page ... — Without looking at page ...
Si tu mets plus de 5 secondes tu as perdu — If you take more than 5 seconds, you have lost
Si tu veux — If you like
Suis/Suivez les lignes pour découvrir les réponses/ compléter les phrases — Follow the lines to find the answers/to complete the sentences
Travaillez à deux — Work in pairs
Travaille avec un(e) partenaire — Work with a partner
Travaillez en groupes — Work in groups
Trouve un(e) partenaire — Find a partner
Trouve les erreurs/les réponses — Find the mistakes/the answers
Tu dois deviner — You have to guess
Tu peux remplacer les mots en couleurs — You can replace the words in colour
Voici des mots/des idées pour t'aider — Here are some words/ ideas to help you
Vrai ou faux — True or false

Résumé

1 Bonjour!

2 J'habite ici

3 Notre famille

4 J'aime les animaux

5 Qu'est-ce que tu fais?

6 L'année passe vite

7 Une ville en France

8 Quelle heure est-il?

9 Mmm! C'est bon, ça!

10 On fait des courses

11 Qu'est-ce qu'on met?

12 Amuse-toi bien!